# 図解 防具の歴史

F FILES No.055

高平鳴海 著

新紀元社

## はじめに

　ファンタジー世界のアイテムとして、盾・兜・鎧といった防具は、剣と同じくらいに重要だ。ファンタジーは空想の産物だから、一般に認知されている防具の実態が現実と異なっているのも当然である。だが、現実を知っておくのは悪くないだろう。

　たとえば現実世界の防具は武器より高価だ。高性能防具は武器の数倍以上の値段になるし、製作に年単位の時間が費やされる。武器のダメージを防ぐために生まれ出たアイテムなのに、ずいぶん効率の悪い話だ。それでも、防具には武器にはない魅力がある。立派な甲冑は敵を威圧し、着用者に自信を与え、勝利をより確実なものとする。

　防護が完璧に近い重厚な鎧は、それだけ動きが鈍くなり、スタミナを消耗するという宿命的なジレンマを抱えている。魔法がない我々の世界では厳しい現実の下にある防具だが、世界中の戦士はそれを着ずにはいられなかった。

　武器や防具を扱った本は世間に数知れず存在する。子ども向けから一般向け、専門書まで幅広く出ている。それらの情報を参考にしつつ新しい本を発表するのであれば、ほかであまりやっていないことに留意した。

　それは比較である。日本鎧と西洋鎧がどう違うのかという話だ。具体的には、戦いに関する地域ごとの戦術・思想や気候の違いから異なる結論を導いた防具の特色とか、材質・機能・歴史的変遷などである。

　本書で取り上げたコンテンツのうち、西洋・日本・中近東の3地域はそれぞれ防具に関する考え方や歴史的・地理的背景もかなり異なっていて、比較してみると興味深い。日本と西洋の防具にはあまり関連性はないが、中近東の防具は隣接地域であるヨーロッパと、中国を中心とするアジアの影響を大きく受けている。

　ほかの本では扱われないような南北アメリカ、アフリカやオセアニアの防具についても記事収集の努力をし、また歴史の面では、紀元前の文明のアイテムから現代の防具であるヘルメットや防弾着までを網羅した。

高平鳴海

# 目次

## 第1章 古代 | 7

- No.001 防具はなぜ生み出されたのか — 8
- No.002 盾の起源とは — 10
- No.003 青銅の防具は鉄の防具に劣るのか — 12
- No.004 鉄はどうやって最強の素材になったのか — 14
- No.005 チェーンメイルとは — 16
- No.006 チェーンメイルは製造やメンテナンスが大変だったのか — 18
- No.007 スケイルアーマーとラメラーはどう違うのか — 20
- No.008 メソポタミアで使われた防具とは — 22
- No.009 ギリシャにはどんな鎧があったか — 24
- No.010 ファランクスで有名なギリシャ盾とは — 26
- No.011 重装歩兵の知られざる実態とは — 28
- No.012 古代ギリシャの兜と脛当にはどんなものがあったか — 30
- No.013 ベルタとサゴスにはどんな特徴があったか — 32
- No.014 ローマ鎧の決定版とは — 34
- No.015 ローマにはどんな鎧があったのか — 36
- No.016 ロリカ・ハマタは最高の鎖帷子だったのか — 38
- No.017 スクトゥムはローマを支えた盾だったのか — 40
- No.018 大盾以外のローマ盾や装具にはどんなものがあったか — 42
- No.019 ローマ兜カッシウスはどのように進化したか — 44
- No.020 ローマ兵はなぜ部位防具を使うようになったのか — 46
- No.021 闘技場の剣闘士はどんな防具を使っていたのか — 48
- コラム 古代世界の兵種とその防具 — 50

## 第2章 ヨーロッパ | 51

- No.022 ガリア人は丸盾を愛用したのか — 52
- No.023 スパンゲンヘルムとはどういうものか — 54
- No.024 古代ケルト人は盾や兜以外の防具を使用していたのか — 56
- No.025 コートオブプレイツとはどんな防具だったのか — 58
- No.026 ブリガンダインはもっとも普及した防具なのか — 60
- No.027 クロスアーマーとレザーアーマーには種類があるのか — 62
- No.028 チェーンメイルは中世の防具のスタンダードだったのか — 64
- No.029 プレートメイルは過渡期の板金鎧だったのか — 66

- No.030 プレートアーマーはイタリアから広まったのか — 68
- No.031 ゴシック式は革命的なプレートアーマーだったのか — 70
- No.032 マクシミリアン式プレートアーマーはなぜ名高いのか — 72
- No.033 ルネサンス式鎧はグリニッジ式鎧に影響を与えたのか — 74
- No.034 フットコンバットアーマーは時代に対応した鎧だったのか — 76
- No.035 プレートアーマー以後の近代鎧とは — 78
- No.036 現代にまで残った甲冑は本物なのか — 80
- No.037 プレートアーマーの短所とは — 82
- No.038 プレートアーマーの長所とは — 84
- No.039 プレートアーマーの各部位に名前はあったのか — 86
- No.040 プレートアーマーの価格はどのくらい？ — 88
- No.041 カイトシールドとタージは騎士に活用されたのか — 90
- No.042 パビスは鉄壁の大盾だったのか — 92
- No.043 西洋にはどんな風変わりな盾があったのか — 94
- No.044 バレルヘルムはフルフェイス兜の代表だったのか — 96
- No.045 アーメットは騎士兜ヘルメットの集大成だったのか — 98
- No.046 西洋のオープンヘルメットにはどんなものがあったのか — 100
- No.047 西洋兵士の装備は鉄兜から鉄帽子へ変わっていったのか — 102
- No.048 トーナメント用の鎧が存在したのか — 104
- No.049 馬や象にも鎧が着せられたのか — 106
- コラム 西洋傭兵ランツクネヒトとスラッシュ・ファッション — 108

## 第3章 日本 | 109

- No.050 短甲は古代日本を代表する鎧だったのか — 110
- No.051 日本の挂甲は世界のスタンダード鎧だったのか — 112
- No.052 中国伝来の綿甲は兵士全員に行きわたったのか — 114
- No.053 衝角付冑と眉庇付冑は日本独自の兜だったのか — 116
- No.054 日本の盾は竹束に退化したのか — 118
- No.055 日本の防具史には2回のブレイクスルーがあったのか — 120
- No.056 大鎧とはどんな甲冑だったのか — 122
- No.057 大袖は可動して守る『持たない盾』だったのか — 124
- No.058 腹巻は後ろに引き合わせがある人気甲冑だったのか — 126
- No.059 胴丸は右に引き合わせがある歩兵甲冑だったのか — 128

4

# 目次

No.060 腹当は雑兵向けの簡易鎧だったのか──130

No.061 甲冑は小札で作って威毛で装飾したのか──132

No.062 甲冑の装飾技術は進歩したのか──134

No.063 鎧はどのようにメンテナンスや修理をしたのか──136

No.064 当世具足とはどんな鎧だったのか──138

No.065 板物胴は鉄板を張った胴鎧だったのか──140

No.066 南蛮胴は日本でさらに進化したのか──142

No.067 畳具足や鎖帷子は廉価版だったのか──144

No.068 御家流と写しは軍団の権勢を表したのか──146

No.069 復古具足は金持ちの道楽だったのか──148

No.070 幕末の混乱期に武士は鎧を着ることができたのか──150

No.071 星兜とはどんな兜だったのか──152

No.072 筋兜は星兜の進化形だったのか──154

No.073 戦国時代の兜にはどんなものがあったか──156

No.074 武士たちはなぜ兜にこだわったのか──158

No.075 兜の飾りにはどんなものがあるのか──160

No.076 変わり兜にはどんなものがあったのか──162

No.077 前立には武士のさまざまな思いが込められたのか──164

No.078 部位防具の総称は小具足だったのか──166

No.079 面頬やその他の小具足にはどんなものがあったか──168

No.080 足軽はどんな装備をしていたのか──170

No.081 姫武者の甲冑は実在したのか──172

コラム 鎧に身を固めて戦乱の世を生きた女たち – 174

## 第4章 中国 175

No.082 中国の防具はどのように発展したのか──176

No.083 革甲とはどんなものだったか──178

No.084 秦では戦車の御者が一番いい鎧を使っていたのか──180

No.085 中国を代表する鎧とは──182

No.086 中国の騎兵と馬はどんな防具を着ていたのか──184

No.087 鎖子甲はどのように進化したか──186

No.088 紙や蔦でできた鎧があったのか──188

No.089 中国にもギリシャのような重装歩兵がいたのか──190

No.090 モンゴル帝国ではどんな防具を用いたのか──192

No.091 中国の盾や部位防具はどんなものがあったか──194

コラム 伝説で語られる源平時代の銘品 – 196

## 第5章 中近東・インド・その他 197

No.092 東方のカタフラクトスはどんな防具を使っていたのか──198

No.093 中近東とインドの武器防具には共通点があったのか──200

No.094 インドを目指した軍団は中東生まれの装備を使っていたのか──202

No.095 ムガル帝国では新しい防具が生まれたのか──204

No.096 チャール・アイナはインド鎧の決定版だったのか──206

No.097 シシャークとカルカンは広く長く受け継がれた防具なのか──208

No.098 新大陸の戦士はどんな防具を使っていたか──210

No.099 カナダの戦士は木製の鎧を使っていたのか──212

No.100 アステカの戦士はジャガーの力を借りる防具を着ていたのか──214

No.101 小島の戦士は荒縄の鎧とフグの兜を使っていたのか──216

No.102 戦場には風変わりな重装歩兵が出現したのか──218

No.103 ヘルメットは現代まで進化を続けたのか──220

No.104 防弾チョッキはどのくらい信頼できるのか──222

No.105 ボディアーマーは現代における戦士の鎧なのか──224

付録 防具を出し抜く武器 ──── 226

索引 ──────────── 228

参考文献 ─────────── 231

5

# 第1章
# 古代

## No.001

# 防具はなぜ生み出されたのか

防具は文明圏の違いによって独自の発展を遂げてきた。たとえば西洋
では鎧は厚く重くなり、日本の鎧は特に矢への対策が重視されていた。

### ●防具と飛び道具の密接な関係

人類が誕生し、戦いが起こり、その中で武器が発明された。この攻撃を防ぐ目的で防具が登場したのは間違いない。石器で武装した相手と戦った時代には、木や皮、布や革などを素材とした簡素な兜や胴着、盾などで身を守れば十分だった。また暑い地域の戦士たちは、ほとんど防具を用いなかったことも知られている。

もっとも、接近して斬り合い叩き合うような局面では、実は防具は必須ではなかった。動きを阻害する装備は邪魔になるだけだ。

防具を発達させる一番の要因となったのは、弓の存在といわれている。高速で飛来し、致命的なダメージを与える矢は防具で防ぐしかないのだ。弓は旧石器時代に中近東やアジアで登場しており、エジプトやギリシャなど当時の先進文明圏では弓兵部隊が組織された。

品質の差はあれど、おおむね世界中で**ラメラー**か**チェーンメイル**の類が考案され、それらは**レザーアーマー**より高級な防具と見なされていた。

その後、貫通力の高い新型弓が発明された。中国の弩弓は紀元前5世紀に誕生し、紀元後7世紀にイスラム圏に伝播、ヨーロッパでは紀元後4世紀にそれと同等のパワーを持つクロスボウが考案されている(西洋に新型弓が普及したのは、訳あって中世半ばを過ぎてからである)。これら新兵器に対して、旧来の防具は能力不足となり、鎧が劇的に進化した。

よく武器と防具の進化はイタチごっこといわれるが、マスケット銃などの原始的な銃器は金属鎧で十分防ぐことができた。15世紀に西洋鎧は完成の域に達する。しかし、すぐに銃器の性能が追い着いてしまった。分厚い鎧をもぶち抜くライフルの登場で、鎧は戦場から姿を消し、急所だけをガードする近現代の防具の時代に移行したのだった。

8

## 防具発展のきっかけ

### はるか昔
武器に対抗し簡単に手に入る材料で原始的な防具を作った。

裸で戦うよりマシといった感じだけど、これで十分！

### 旧石器時代
「遠くから」「致命傷を与えられる」弓矢が登場。

こりゃたまらん、盾や兜で身を守らないと！

### 中世ヨーロッパ
クロスボウや弩弓などの新兵器に対抗して防具がより強固に。

この防具では防げない……クロスボウなんか禁止にしろ！

### 14世紀末
火縄銃のような原始的な銃ではプレートアーマーに歯が立たなかった。

ふははは、銃など効かんな。

### 15世紀
貫通力の高いライフル銃が最強となり、防具に身を固める時代は終わった。

ぐはっ！ パワーアップしたのか……騎士の時代も終わりか……

---

## ✣ 非人道的と非難されたクロスボウ

　貫通力の高い弓は一撃で致命傷を与える。中世ヨーロッパの戦場では、強力すぎる武器がかえって都合の悪いことがあった。戦場に出てきた貴族王族をしばしば生け捕りにして、身代金を要求していたからである。

　そのため、4世紀の発明（古代ギリシャ時代からあったとも）にも関わらず、各国の騎士や貴族は、鎧を貫通してしまうクロスボウの使用に猛反対し、教皇が召集した第二次ラテラノ会議（1139年）で「キリスト教徒への使用は禁止」とされた。

　ただし法令は徹底されず、英国のリチャード1世はクロスボウで射殺されたし、十字軍遠征など異教徒に対する戦争では強力な武器が遠慮なく使用された。

---

**関連項目**

●チェーンメイル→No.005/006　　●ラメラー→No.007
●レザーアーマー→No.005/027

## No.002

# 盾の起源とは

小さい盾は剣での立ち回りに便利だし、大きなものなら矢の雨から全身を守ることができる。鎧が重厚になるまでは戦士の相棒だった。

### ●身を隠す道具から守る道具へ

　防具は武器に対応して生まれたが、その中でも盾はかなり早く、ほぼ最初に登場したといわれている。しかし、少なくとも紀元前3000～2500年ごろまで、戦士は盾を持っていなかった。

　一方で、盾は狩りで獲物に近づく時、狩人が身を隠す道具として考案されたという説がある。紀元前2000年ごろのエジプトのライオン狩り用の盾には迷彩模様が入っていた。実は猛獣は平面の板に対して無力であり、盾は決定的な防御手段となるのだ。

　しかし西洋では、全身を守る金属鎧が登場してから次第に盾が用いられなくなった。敵も同じく分厚い鎧で向かってくるので、より攻撃力の高い両手持ちの剣やリーチの長い槍などを持たなければ、歯が立たないという理由もあった。話は逸れるが、ガチガチの鎧武者に対抗する格闘術もそんな中で発展を遂げた。転倒させて短剣でトドメを刺すというわけである。

　盾はその運用法で2種類に分けることができる。

　まず「平面盾」。「**アスピス**」や「**タージ**」など小型で表面が平らな盾のことだ。盾の縁が敵の左肩に向くよう、70度の角度で構え、正対はしない。敵の攻撃は、受け流すというより払いのけるようにする。矢を受け流すため、騎乗して平面盾を持つ場合もある。

　「曲面盾」つまり表面が湾曲した盾は正面に構え、あまり動かさないで防御する。「**スクトゥム**」「**カイトシールド**」など、面積が広めのものがこれに相当する。平面盾のように軽やかには使えないが、安心感がある。大きい盾を使うなら、武器を持つ手には籠手などを装備する必要がある。

　盾は守る装備ではあるが、不意を突いて盾の縁で殴ったり、「シールドバッシュ」（押し付けたりアッパーを繰り出す）といった攻撃も可能だ。

10

## 盾の歴史

盾は最初に狩りの道具として発明された。
- 盾の裏に身を隠して接近。
- 猛獣の攻撃を平板で無力化。

### 紀元前2500年ごろ
戦場で身を守る防具となった。
- 剣でも槍でも矢でも投石でも、とりあえず守れる。
- 身に着ける防具のように動きを阻害しない。
- 殴打武器としても使える。

### 14世紀ごろの西洋
鎧の発達で盾は不要に。
- 盾がなくても十分に防御できるようになった。
- よりパワフルな両手武器を使うため。

## 運用の違いによる盾の分類

### 平面盾

特徴： 表面が平ら。小さめ。
運用： 敵に対して70度の角度で構える。敵の動きを見極め、こちらの剣の動きは盾と身体で隠すように。意表を突いて盾の縁で殴る戦法も容易。
例： アスピス、タージ。

### 曲面盾

特徴： 表面が湾曲した盾。大きめ。
運用： 正面に構える。貫通の危険があるので攻撃は受け流すようにする。武器を持つ手は守りにくいので籠手を使うべき。重い盾をそのまま敵へ押し付けるシールドバッシュも可能。
例： スクトゥム、カイト。

### 関連項目

- アスピス→No.010
- スクトゥム→No.017
- カイトシールド→No.022/041
- タージ→No.041

## No.003

# 青銅の防具は鉄の防具に劣るのか

RPGでは青銅の武器防具が鉄より弱いとされる。だが実際はそうではない。安く大量に作れたから、鉄の装備は主流となったのだ。

### ●加工しやすい青銅と量産可能な鉄

金属防具の素材として用いられたのは、青銅と鉄である。

青銅は銅と錫（すず）の合金で、自然界では銅と錫が同時に採取できることが多い。純銅より硬く、鉄より低温で溶けて加工しやすいことから、最初に人類に利用された。メソポタミアなど世界各地で紀元前3500年ごろから青銅の精錬が開始されたのは確かである。

次に製鉄技術が編み出された。ヒッタイトで鉄製の農具や武器防具が登場するのが紀元前1500年ごろである。技術は伝搬し、ヨーロッパでは紀元前8世紀、中国は紀元前5世紀（戦国時代）に鉄器時代を迎える。

実はそれ以前から鉄は活用されていたらしい。隕石から取れる隕鉄だ。希少ではあったが、鉄の純度が高いので加工はそう難しくないという。武器の刃やアクセサリーに用いられることが多かった。

さて、金属防具の製造法には2種類がある。型に溶けた金属を流し込んで作るのが鋳造（ちゅうぞう）、金属塊を叩いて加工するのが**鍛造**（たんぞう）である。鋳造は量産に向くが、鍛造は労力と時間がかかる。大量の金属を使う防具ならなおさらだろう。

低温で溶ける青銅は鋳造が容易だったが、鉱石の埋蔵量は少なく鉱床はすぐ枯渇した。そして鉄だが、鉱石は大量に採取できるが昔は完全に溶かすことができず、熱してから鍛造で整形していた。溶かせなければ大きな武器防具を作るのも難しい。高温の炉の登場で鉄の鋳造＝鉄器の量産が可能になったが、鋳鉄は脆くて武器防具の素材には向かなかった。

最終的には青銅器に取って代わるものの、初期の鉄器は性能やコスト面で優れていたわけではなかった。それで鉄器量産が可能な時代になっても——たとえば古代ローマや中国の秦では青銅武器が作られ続けた。

## 青銅と鉄の製法の変遷

前3500年　メソポタミアとエジプトで青銅器の鋳造開始。

前1700年　中国で青銅器の鋳造開始。

前1500年　メソポタミアで製鉄発明。

前8世紀　ヨーロッパに製鉄が伝わる。

前5世紀　中国で製鉄開始。鋳造も可能。

1世紀　中国で冷間鍛造（常温での加工）開始。

2世紀　中国で製鉄事業の国有化。

5世紀　中国で鋼鉄の実用化。

## 青銅と鉄の比較

|  | 青銅（銅と錫） | 鉄 |
| --- | --- | --- |
| 鉱石分布・価値 | レア・次第に高騰 | 偏在・安価 |
| 硬度 | 軟 | 硬 |
| 鋳造時強度 | 普通 | もろい |
| 鍛造時強度 | 中 | 中 |

### 関連項目

● 鍛造→No. 004

## No.004

# 鉄はどうやって最強の素材になったのか

鉄は青銅に代わって金属防具の素材に用いられるようになった。その後、人々のたゆまぬ研究と工夫によって進化を続けた。

### ●鋼鉄の鍛造防具こそ最終形態

鉄は丈夫で入手しやすい金属であり、当初は、熱した鉱石から採取した鉄粒をハンマーで叩き潰して鉄器に整形していた。鍛造（熱間鍛造）というこの製法は手間がかかり量産はきかなかったが、そのうちに鉄を溶解して型に流して成型する技術が生まれ、兵士向けの鋳鉄防具を量産した地域もある。ただし鋳造鉄器は脆いという弱点があった。そのため、鍛造の防具は長らく高い地位の武人しか着用できなかったのである。

製鉄の過程で適切な量の炭素が含まれると、硬さと柔軟さを兼ね備えた理想的な素材——鋼鉄ができる。ヨーロッパなどでは原理と製法が解明されるまで、偶然にできた鋼鉄を選別し、高級な武器防具の素材としていた。

一方、より進んだ文化を誇っていた中東地域では、ダマスカス鋼のように絶妙な硬度としなやかさを両立した金属が生み出されていた。

16世紀のドイツでは、鎧研究家の君主**マクシミリアン1世**が冷鍛（冷間鍛造）という技術を鎧の製造に取り入れた。常温で鍛造を行うと分子結合が強固になり、薄く延ばしても強度が確保できるのだ。また手で持って加工するので高度な細工も可能になった。鎧の製造法として決定版となる技術が完成したわけだが、皮肉にも製鉄技術の発展に伴って進化した銃器に対し、すでに防具は太刀打ちできなくなっていた。

なお中国では、早い時期に冷鍛が始まり、その技術が広まっている。その証拠となるのが「瘊子甲」だ。鉄板を叩いて厚さを1／3ほどにするのだが、鉄板の一部を本来の厚さのまま瘤状に残した鎧である。鍛造鎧であることを見た目でわかるようにし、その価値をアピールする処置だった。これにあやかって「偽造瘊子甲」という模倣品も出回った。つまり鍛造ではないが、それっぽく見える瘤を付けた鎧である。

## 製鉄技術の進化と防具

No.004

第1章●古代

### 原始的な鍛造
- 完全に溶かせない。鉱石を真っ赤に焼いて金槌で叩いた。
- 不純物が残り、材料も大量に必要だった。

これじゃ小さなものしか作れないな……。

⬇

### 鋳鉄
- 高温の炉ができてから鋳造が可能になった。
- 硬いが割れやすい。

防具にできなくはないが、鋳鉄は農具とか鍋にした方がいいな。

⬇

### 鋼鉄
- より柔軟で割れにくい。
- 昔はまず鋳鉄を作って、余分な炭素を取り除いて精製していた。

炭素が少ないと鋼鉄になるんだな。最初は偶然にできたものしか利用できなかった。

⬇

### 鍛造の進化
- 鉄を熱して急に冷やすと鍛えられる。

こうして焼き入れで鍛えられるのは、割れにくい鋼鉄だけだ。

⬇

### 冷間鍛造
- 常温で鉄を叩き延ばすと強度を保ったまま軽量化できる。

叩きまくれ！ 分子結合によって鋼鉄をさらに強くするんだ。

⬇

### 究極の鎧の完成
- 製鉄技術は進歩したが、大量の燃料が必要だった。
- ヨーロッパを覆っていた森は製鉄事業のために消失したといわれている。

細かいことはいいんだよ。鍛えれば最強になる。それがオレだ！

**関連項目**
- マクシミリアン1世→No.031/032/033

## No.005

# チェーンメイルとは

レザーアーマーより強く、プレートアーマーより弱い。そんなイメージ通りの性能だったチェーンメイルの実像に迫ってみる。

### ●一番長い期間、中世騎士を支えた防具

**チェーンメイル**＝鎖帷子とは、その名の通り、リングを連結して金属の布地を生成し加工した防具で、柔軟性と防御力を兼ね備えている。

青銅器時代から使われ始めたのは確かで、オリエントまたはケルト文明地域で発祥したとされ、世界中に普及した。特に紀元前5〜6世紀にローマへ伝わって高評価を受け、**ロリカ・ハマタ**という名で量産されたことで、チェーンメイルはメジャーな防具となった。古くからある防具だが、リングの大きさと製法の緻密さで質に大きな違いが出る。ロリカ・ハマタは中でも最高峰で、10万個ものリングで構成されていた。

ローマ以後の西洋、それに中東やインドなど各地ではチェーンメイルが重宝され、主力の防具となっていた。11〜12世紀の西欧における**十字軍**兵士は**クロスアーマー**＋チェーンメイル＋サーコート＋**バレルヘルム**という出で立ちだった。

防具の性能として、刀剣による切断に対しては強い。しかし、槍や矢による刺突、鈍器による打撲には弱い。特に矢に弱いのは致命的だった。武器が一方的に進化してしまい、鎖帷子を中心とした防具が役に立たなくなった10世紀ごろのヨーロッパは「鉄血の時代」と呼ばれたものだ。にもかかわらず、フランスの騎士たちは1330年代まで板金鎧に移行せず、チェーンメイルを愛用し続けていた。

一方、東洋ではラメラーやスケイルが重用され、**鎖帷子**は補助的にしか用いられなかった。それでも日本の鎖帷子は戦国期から武士によって愛用された。チェーンメイルの多くは軟鉄を伸ばしたもので、焼き入れで強化する場合もあるが、日本のそれは鍛造した鉄で作られ、西洋のものより高性能だった。

## チェーンメイルの歴史と性能

| 起源 | 青銅器時代（紀元前3000〜2000年ごろ） |

 オリエントで？　 ケルトで？

エジプト、インド、中国など世界中へ。

前5〜6世紀　ローマへ伝播。
前3世紀　　　ローマ版チェーンメイル「ロリカ・ハマタ」で頂点。

5〜9世紀　　ローマ滅亡後のフランク王国。
10世紀　　　十字軍などで広く採用。

 鉄血の時代

 チェーンメイルの性能

・斬撃に強い。　　剣なら防げるぞ！
・貫通に弱い。
　槍や矢は刺さってしまう……
・面への打撃に弱い。
　棍棒で殴られると弱い……

ぶはっ、防具はチェーンメイルしかないのに、武器の方が強くなってしまった……

12世紀　　　　失われていた製鉄技術の復活で防具進化
13〜14世紀　百年戦争で武器防具が進化

 板金鎧登場

ようやく防具も新しい時代じゃ

でもチェーンメイル好きなんだよなあ
フランス騎士

---

**関連項目**

- ●チェーンメイル→No.006/028/087
- ●ロリカ・ハマタ→No.015/016
- ●クロスアーマー→No.027
- ●鎖帷子→No.028/067/087
- ●十字軍→No.041/044
- ●バレルヘルム→No.044

No.005　第1章●古代

17

## No.006
# チェーンメイルは製造やメンテナンスが大変だったのか

あまりにも有名であり、防具としてそこそこの性能を発揮するチェーンメイル。その語源やバリエーションにも迫ってみよう。

### ●使い勝手はよかったが、意外にいろいろ大変

**チェーンメイル**の重量に関して、全身を手足先まで覆う場合は20キロほどになる。胴体や上半身のみ、一部部位だけとか、ほかの防具と組み合わせて着るなど、便利に使えるのが長所だろう。しかし、**プレートアーマー**などと比べて防御力は低いし、製造には大変な手間がかかる。

かつては針金も手作りで、それは13世紀には機械生産できるようになったので少しは生産性が向上したが、編む手間はどうしようもない。研究家が実験したところでは葉書1枚分の面積を編むのに5時間を要したという。この手間のため、板金鎧よりも高価な場合もあったらしい。

チェーンメイルは日常の手入れも大変だった。青銅製でも鉄製でも、放置しておけばたちまち錆びて着られなくなってしまう。

なお、メイルというのはラテン語もしくは古フランス語で「編み目」「網」を表す。中世のフランスでは「メイル」（網）、同じく英国では「チェーン」（鎖）と呼ばれていたものが、以後の時代から慣用的にチェーンメイルと表現するようになった。

本来、メイルと呼んでいいのはチェーンメイルだけで、本書でもなるべくその原則を守っているが、**プレートメイル**とかスケイルメイルといった言い回しをすることもある。これらはプレートアーマー＋メイル、**スケイルアーマー**＋メイルという、組み合わせか重ね着した防具のことである。

チェーンメイルの仲間には「リングメイル」という、使用しているリングが大きな鎖帷子もあるが、目の粗い＝粗悪なチェーンメイルという意味で使われることもある。「バンデットメイル」という防具について、実在したかどうかは不明とされている。山賊は関係なく、チェーンメイルの上に板金を巻いた（バンド）防具という表現である。

## チェーンメイルのリアリティ

- 全身を覆うものなら重量は20キロ！
- 風雨や返り血や汗で錆びやすい
- さらに部分防具とかコートも着るぞ
- 油を塗ったり、錆びを落としたり、手入れが大変
- フードや手袋など、部分鎧としてのチェーンメイルもあった
- チェーンメイルという呼び方は本当は重複していて間違い
- 手編みなので凄く大変。意外に高価？
- チェーンは英国、メイルはフランスでの呼称
- 壊れたら針金で結び接ぎする

### リングメイル
大きなリングで構成されたチェーンメイル。

### バンデットメイル
山賊ではなく板金バンドのメイルのこと。

---

関連項目

- チェーンメイル→No.005/028/087
- スケイルアーマー→No.007/067
- プレートメイル→No.029
- プレートアーマー→No.030/031/032/034/037/038

## No.007
# スケイルアーマーとラメラーはどう違うのか

スケイルは鱗鎧、ラメラーは板鎧と言い換えることもできるが、あまり一般的ではない。両者には古式な高級鎧というイメージがある。

### ●鱗鎧と板鎧、下地があるかないかの違い

　痕跡の残っている鎧の中で最古の部類に入るのが、**スケイルアーマー**である。その起源は紀元前2000年にまで遡る。メソポタミアのフルリ人（紀元前2500～1000年）が考案したらしく、ヒッタイト、アッシリアでも使われた。その後、古代ギリシャやローマ、西欧ではフランク王国で使われたが、板金鎧の登場で廃れた。最終的には14世紀まで使用されたことになる。ほかの地域では、東ローマ、トルコ、モンゴルなどでも使われたが、むしろパルティアやペルシャなどオリエント地域の人々はスケイルを好んで用いた。ちなみに、ペルシャの鎧にはガリバンという首を守る襟（革か布のパッド）が付いているので、すぐわかる。

　スケイルアーマーの概念としては、多数の魚鱗片を布か皮など下地に縫い付けて形成した防具のことである。

　もうひとつ、メソポタミア由来で古代から存在した鎧として、**ラメラー**がある。スケイルと近似の鎧で、やはり中東やアジアで好まれた。日本の鎧もラメラーの仲間だ。スケイルと同じように鱗甲片か方形小札で構成されているが、下地はない。小札の材質は革または金属である。

　両者の違いを端的にいえば、スケイルの方がより原始的であり、服のように柔軟性がある。下地がないと成立しない。一方、ラメラーの胴着は自立するほどに硬い。スケイルより製作に手間がかかる組み上げ式で、造りが精密な高級品である。なお、立つ鱗鎧もあるので、見た目でスケイルかラメラーか判断が難しい場合もある。出土品となると、穴付きの甲片など部品だけだったりするので、よけい判別しづらい。

　スケイルやラメラーの重量は、10～20キロほどである。なお、チェーンメイルにスケイルを縫い付けた防具は「スケイルメイル」と呼ばれる。

20

## スケイルとラメラー

> 前2000年、メソポタミアのフルリ人が発明。
> 各古代文明圏～フランク王国で使用。
> 西洋よりも中東やアジア地域で好まれた。

### スケイル

- 多数の鱗片を下地に縫い付けた鎧。
- 下地があるので柔軟性は高いが、壊れやすい。
- 下地がチェーンメイルなら、より高級な「スケイルメイル」。
- 古代からプレートアーマー登場の時代まで使われた。

### ラメラー

- 方形札を連結して形成した鎧。
- スケイルより緻密で丈夫。
- 下地はなく、置くと立つ。
- 日本鎧として非常に発達。

鱗片や小札の例

関連項目

- ラメラー→No.051/055/061/082
- スケイルアーマー→No.067

## No.008

# メソポタミアで使われた防具とは

兜と盾は黎明期に登場した防具だが、その次に考えられたのが胸を守るという概念だった。胸当は古バビロニア時代に普及した。

### ●急所を守る円盤胸当の発明

　古代メソポタミアでは、数種類の防具が使われていたが、特筆すべきは円盤状の胸当＝**ブレストプレート**だ。材質は金属か木で、首から提げるか、ベルトで身体に括るか、服に縫い付けていた。

　急所だけを守る簡素な防具だが、当時としては画期的な防具で、人類史における胴鎧のルーツと見なしてもいいかもしれない。ブレストプレートはギリシャ、エトルリア、ローマなど近隣の古代文明圏にも伝わった。

　紀元前3500年ごろ、最初に文明を築いたシュメールの都市国家は、数百人規模の常備軍を持っていた。戦時に召集される民兵や傭兵も含め、その装備は官給だったという。正規兵は銅製兜やマント、長方形の大盾で身を守っていた。また敵の盾の裏側へ攻撃できる差込斧を用いた。

　紀元前1900年ごろ、シュメールの後に興ったバビロニアで、上記の円盤状胸当が普及した。それなりの防御効果もあったはずだが、お守りと見なす者も少なくなかった。

　紀元前7世紀のアッシリアでは、円錐状の金属兜が用いられた。円錐兜は防御に優れた形状で、背を高く見せて敵を威嚇する効果もあった。この兜は後世のペルシャ兜の原型ともなっている。丸、楕円、長方形など盾のバリエーションも豊富だったが、アッシリア人は鎧を重視しなかった。

　ちなみに、同時代のエジプト人も防具をあまり使用しなかった。革帯を胸に巻いて胸当とし、木製の大盾か小さな四角盾を持つ程度だった。

　むしろエジプト人は伝統的に防具を用いなかったので、語れるエピソードは少ないのだが——盾にまつわる話として、紀元前6世紀、エジプトを攻めたペルシャ軍はエジプト人が崇拝する猫神を盾に描いた上、前線に猫などの動物を放った。そのためエジプト側は降伏を強いられたという。

## メソポタミアやエジプトの防具

### 前2500年ごろ
**シュメール時代の防具**
盾や兜は国家が支給していた。差込斧は先端が曲がっており、盾で防御している敵を攻撃できた。

銅の兜　長方形の大盾

### 前1900年ごろ
**バビロニアのブレストプレート**
心臓など急所を守る防護板。原始的な胴鎧の一種

胸部に革紐で縛り付ける。

紐で首から吊る。

服やマントに縫い付けたものを着る。

### 前7世紀ごろ
**アッシリアで使われた円錐兜**
円錐形状で背が高い金属兜。

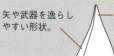
矢や武器を逸らしやすい形状。
背を高く見せて敵を威嚇。

### 前6～前7世紀ごろ
**エジプト兵の装備**
エジプト人はあまり防具を好まなかった。

胸に革帯を巻いて防御。
大盾か小さい盾を持つ。

---

関連項目

●ブレストプレート→No.015/098

## No.009
# ギリシャにはどんな鎧があったか

ギリシャで生み出されたトーラークスとギュアロン、これら2種の胴鎧は改良されながらも中世に至るまで西洋で使われ続けた優れ物だ。

### ●紀元前8世紀の青銅鎧と兜の登場

「**トーラークス**」は紀元前8〜前3世紀まで使われた青銅の鍛造鎧である。胸部と背部の2ピースで人体をサンドイッチする造りで、完全オーダーメイドの高級品だった。表面には筋肉の浮き彫りが施されていることが多い。裸で戦場に立つ勇敢な男を演出しているのだろう。

「ギュアロン」はギリシャ製**スケイルアーマー**のこと。スケイルアーマーはメソポタミアやエジプト発祥だが、それに改良を加えたものである。腹部までが二重の草摺（くさずり）で覆われていた。こちらはより柔軟で安価というのが売りで、生産体制が整ってからは兵士向けの量産品となった。布素材の利用で軽量化されたギュアロンも、後世に受け継がれていった。

当初、ギリシャ人は胴鎧に兜と盾持ちという出で立ちで、手足はむき出しのまま戦場に出るのが普通だった。だが、後には「バノプリア」というフル装備も登場する。**コリュス**（兜）＋トーラークス（鎧）＋**ホプロン**（丸盾）＋身体にフィットした上腕＋下腕＋腿＋脛＋足の防具セットである。とはいえ、ギリシャ兵はおおむね、金属兜に革鎧か鎖帷子、脛当に金属の盾を持つのが標準的だった。

革や繊維の防具は遺跡から出土していないものの『イリアス』などの文献には紹介されている。「リノトーレークス」は麻製の胸甲、「テウーコス」は織物の胴甲らしい。青銅製の胴鎧として「カルケオトーレコーン」というものもあったようだ。

トーラークスこそギリシャ鎧の決定版といえそうだが、紀元前1200年ごろのミケーネには板金鎧も存在した。革ベースに10枚ほどの青銅板金を連結した重厚な甲冑である。いかにも防御力は高そうだが、図を見ればわかる通り、これを着て自由に動き回るのは難しいだろう。

## トーラークスとミケーネの板金甲冑

### トーラークス

前8～前3世紀。胸部と背部の2ピースで胴体を包む。

- 青銅の鍛造で、そこそこ丈夫。
- 一品一品を着用者の体型に合わせて製作。 ➡ 高級品
- 改良を続け、中世まで使われた。

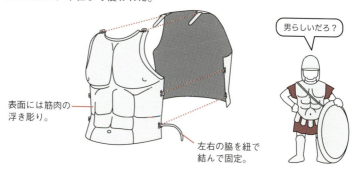

表面には筋肉の浮き彫り。

左右の脇を紐で結んで固定。

男らしいだろ？

### そのほかのギリシャ鎧

- **ギュアロン**
  トーラークスよりも動きやすく安価な、青銅のスケイルアーマー。後に改良が加えられ、ヨーロッパの金属と布の複合鎧のベースとなる。

- **リノトーレークス**
  麻製の胸甲。

- **テウーコス**
  織物の胴甲。

- **カルケオトーレコーン**
  青銅の胴鎧。

### ミケーネの板金甲冑

さらにカタイーテュクスという兜を被る。

- 革下地に青銅板金を連結。
- 長い草摺が数段積層されており重厚。

安心感あるけど、自由に身動きできない……かも

---

**関連項目**

- ●スケイルアーマー→No.007/067
- ●ホプロン→No.010
- ●コリュス→No.012/019
- ●トーラークス→No.015

# No.010
# ファランクスで有名なギリシャ盾とは

ホプロンは盾の名だが、ギリシャでは防具全般を指す言葉としても使われた。そのためか、小型盾のアスピスと混同されることもある。

## ●伝統的なアスピスと重装歩兵のホプロン

**アスピス**という小型円形盾は、少なくとも紀元前7世紀より前からギリシャ地域で使われていた。もっとも洗練された型では中央に円錐の盾芯「オムマローイ」を持ち、直径は30～45センチ、重量は1～2キロであった。この盾は特にドーリア人やトロイア人に愛用された。

材質は青銅で、盾芯の裏側にはグリップがある。個人戦向きの取り回しやすい盾だった。当時のギリシャの戦士は身体に重い防具を着けることを好まなかったので、打って付けの装備だった。

また、アスピスが中世あたりまでの西洋で盛んに使用されたラウンドシールド類の原型のひとつとなったのは間違いない。

アスピスより後に登場した、円形または楕円の盾が「ホプロン」である。

ホプロンはアスピスより大きく、直径80～100センチ、一般には木材から削り出した厚さ2センチの本体に青銅リムをはめた形式だった。革で内張りしたり、表側をごく薄い青銅箔でコーティングすることもある。ホプロンは重量6～7キロもあったので、取っ手を持った上にストラップを腕に通して固定していた。それで利き手には投げ槍を持つ。

少し脱線するが、紀元前2世紀ごろ、ギリシャから遠く離れたカルタゴの歩兵も、ホプロンに似て重量のある丸い大盾を使っていた。そのストラップは首用と肩用の2本備わっており、両手槍を持ちつつ肩掛けにすることもできた。半身で前進すると自然に全身が防御できるのだ。

さてギリシャでは、肩から膝までを覆えるホプロンを用いて、重装歩兵隊「ホプリーテス」を編制した。当時は重装歩兵隊が密集陣形でぶつかり合う戦法（**ファランクス**）で決着をつけたが、戦えば勝った側とて5%の兵士が失われる。そのため、なるべく隊列を増やして大部隊にしていた。

## アスピスとホプロンの共通点と相違点

アスピスとホプロンは形は似ているが、
サイズや機能などに大きな違いがあった。

### アスピス

・重量1〜2キロ。
・個人戦向けの小型盾。
・盾芯＝円錐型の突起「オムマローイ」がある。
・青銅製。

**アスピスの保持方法**
グリップを持って使う。

### ホプロン

・重量6〜7キロ。
・重装歩兵が集団戦で使用する大型盾。
・盾芯はない。
・本体は木製で厚さ2センチ。
・外縁部に青銅リム。
・裏側は革の内張り。
・表面に青銅箔コーティング。

**ホプロンの保持方法**
グリップを掴んだ上に
ベルトで腕に固定。

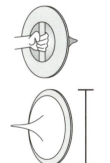

直径30〜45センチ

直径80〜100センチ

**ホプロンに似たカルタゴの盾**
ストラップは首と肩の2本が備わる。肩掛けで保持すれば自然に全身が防御できた。

### 関連項目

●アスピス→No.002  　　　　●ファランクス→No.011

## No.011
# 重装歩兵の知られざる実態とは

重装歩兵の語源ともなったホプロンは戦史の中で形態を変化させた。
そしてギリシャ人によく親しまれ、数々の逸話や伝説を生んだ。

### ●金持ちほど最前線に送られる！？

　ギリシャ都市国家の軍は市民による志願制で、裕福な者ほどよい防具を持っていた。彼らは戦場の主役である重装歩兵ホプリタイとなった。

　隊員の中でも、より上等な兜や鎧、胸甲を所持する者は隊の最前列や狙われやすい右端列を担った。危険ではあるが、それこそが名誉なこととされたのだ。逆にいえば、率先して戦って勝利しなければならない＝敗戦で一番損をするのは富裕層だ。現代とは違う価値観だが、そうした特有の社会的動機もあって、彼らは矢面に立ったのである。

　この傾向は、ギリシャの文化を積極的に輸入して栄えたローマでも同じだった。紀元前2世紀まで、自腹で装備を揃えた裕福な市民が重装歩兵隊を構成し、彼らはギリシャ兵より重厚な防具を着込んでいた。

　彼らは普段は市民なので、戦技訓練はあまり積めない。だからこそ、密集隊形（**ファランクス**）で突進する単純な戦法が最適だった。主武器である槍は素人には扱いやすく、重装備だから機敏な立ち回りは無理だった。

　（ギリシャ人ほどに志気が高くなくても）ファランクス戦法による密集した列での突撃は志気を鼓舞しつつ敵を威嚇する効果があり、味方の敵前逃亡をも防ぐ。密集した中にいるので簡単には逃げられないのだ。

　戦場では外側の兵が盾で四方を守りつつ、内側の兵は盾を掲げて敵の投石や矢の雨を防ぐこともできた。ローマではこの亀甲隊形を「テーストゥード」と呼び、進軍速度は落ちるものの強固な守りを維持できた。

　ところが、本家のギリシャ重装歩兵隊は後期には少数編制の軽装部隊に進化した。重装備をやめ、60センチほどの小型盾と両手持ちの長槍を有して、機動性と攻撃力を向上させたのだ。紀元前4世紀、アテネの名将イピクラテスはそんな部隊を率い、コリントス戦争で大勝を収めている。

## ギリシャとローマの重装歩兵

### ギリシャ重装歩兵　　　ローマ重装歩兵

※ 図は防具が過重になる以前、盾が小さくなる以前の標準的装備。

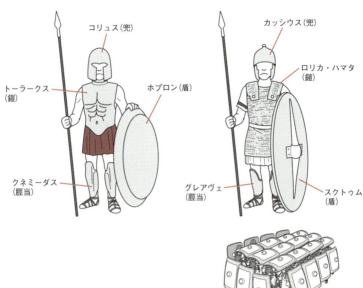

ローマ軍の亀甲隊形
（テーストゥード）

## ❖ ホプリタイとホプロンの逸話

　重装歩兵は敗北を恥としなかったが、盾を捨てて逃げるのは最悪とされた。転じて、隊列を乱して盾を失うのは仲間への裏切りと見なされた。
　盾とそのほかの防具を装備した兵が戦争などで疲労した場合、盾を手放すのは一番最後と決まっていた。たとえいくら優れた胸当であっても守れるのは兵士本人だけだが、盾は自分だけでなく戦友をも守ることができるからだ。このようにギリシャ人は盾をこよなく愛していた。

関連項目

●ファランクス→No.010

## No.012

# 古代ギリシャの兜と脛当にはどんなものがあったか

ギリシャ人はホプロンに代表される盾と、金属胴鎧（トーラークス）のほかに高性能の青銅兜なども愛用していた。

### ●ギリシャの兜と部位防具

　古代ギリシャの代表的な兜として**コリュス**が挙げられる。紀元前8世紀〜前4世紀くらいまで改良されつつ使用され続けた青銅製の兜で、鍛造と鋳造の2パターンが存在した。

　頭をすっぽり覆い、頭頂部が丸いシンプルな造りで、鼻当や頬当が成形されたものもある。初期のものには布などの内張はなかった。

　コリュスについては、地域や都市国家ごとに多くのバリエーションがあった。聴力確保のために耳部を切り欠いたり、蝶番式の頬当が追加されたり、戦場での識別のために独自デザインを採用した可能性もある。

　たとえば、将校兜にはトサカのような突起や馬の尻毛を植えた房飾り突起**ヒップーリン**が付いていたが、スパルタではヒップーリンを横向きに付けていた。これで遠目にもスパルタ軍の者だと判別できたことだろう。後にローマの兜などにも採用されるヒップーリンは、馬の精力にあやかろうとするまじないの一種だった。

　コリュス以外の特徴的な兜として、ミケーネの「カタイーテュクス」がある。猪や豚の牙片で組み上げた鉢に頬当も付属していた。この兜は独特の青銅板金鎧とセットで、貴族に使用された。これ以外に、詳細は不明だが犬皮で作られた「キュネー」という兜もあった。

　ほかに、ギリシャでよく使われた防具に脛当がある。

　「クネミーダス」は脚にフィットする筒状の青銅防具で、高級なものは膝頭に怪物ゴルゴンなどのレリーフが入る(魔除けの意味)。

　脛当にはほかに「エピスピュリア」「グリービス」などがある。前者は踝上からカバーする短めの防具、後者はクネミーダスよりも新型の脛当でローマや西洋諸国に受け継がれた。

30

## コリュスの造りとバリエーション

### コリント式コリュス

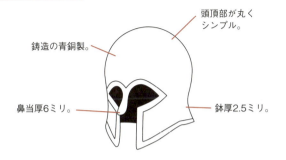

- 頭頂部が丸くシンプル。
- 鋳造の青銅製。
- 鼻当厚6ミリ。
- 鉢厚2.5ミリ。

### 各地のバリエーション

### ミケーネの兜カタイーテュクス

**アルゴス式**
大きなヒップーリン。

**イリュリア式**
鼻当削除。

**アッティカ式**
蝶番の頬当。

**トラキア式**
頬当＋後頭部延長。

**クネミーダス（脛当）**

---

**関連項目**

- コリュス→No.019
- ヒップーリン→No.019

## No.013

# ペルタとサゴスにはどんな特徴があったか

ギリシャのマイナーな盾を見ていく。ペルタはより軽量で簡易な盾。
一部地域で使われたサゴスはとてもユニークな形状をしていた。

### ●半月型の盾と8の字盾

　ギリシャ軍には重装歩兵を支援する兵種もあった。それは軽装の遊撃隊
で、貧しい市民か外国人傭兵で編制されていた。彼らは「ペルタ」という
半月もしくは三日月形の盾を使っており「ペルタスト」などと呼ばれた。

　ペルタは縦30×横70センチほど、重量0.5〜0.8キロで、材質は木材で
ある。半円なのは、盾を構えながら視界を確保するためだ。

　女戦士アマゾン族が愛用したという伝説があるが、実際には山岳部の騎
馬民族トラキア人からもたらされた。関係性は不明だが、ペルシャでも過
去に似た形状の盾が使われていたようだ。

　一方、重装歩兵が登場するはるか前の時代になるが、ミケーネには「サ
ゴス」という独特の大盾が存在していた。全身を包むほど大きく、8の字
形をしている。

　まるで巨大なヒョウタンを縦割りにしたかのようだが、牛の一枚皮をそ
のまま利用して作ったため、こんな形状になった。正確には、木枠に小枝
を組んで骨組みを作り、それに4〜5枚の積層牛皮を被せてあった。その
ため、軽くて丈夫で弾力があった。また表面には青銅箔が張られた。

　サゴスは全身を守りながら、くびれ部分やのぞき穴から視界を確保でき
たという。この盾は肩から紐で吊って保持した。

　このほか、ギリシャでは「リヌース」と呼ばれる牛革の盾や、首から踵
までをカバーするほど巨大な長方形盾も使われていたようだ。

　当時は盾の表面に太陽とか獣や鳥などの絵や、特殊なまじないの図案を
描くことも多かった。たとえば髭面で舌を出した男の顔は悪魔（ディーモ
ス）を表し、敵を威嚇したり呪う意図があった。ポポスと呼ばれるプロペ
ラのような足の紋様は、敵が逃走するのを願って描かれた。

## ギリシャのマイナーな盾・表面の意匠

### ペルタ

縦30センチ×横70センチ、重量0.5〜0.8キロ、木製。構えながらも切り欠き部から視界が確保できた。

### サゴス

牛の一枚皮をそのまま利用して作ったので、8の字になったといわれる。積層牛革と木の骨組から成っており、大きさの割にしなやかで軽い。

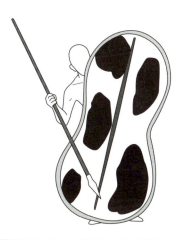

### 盾表面に描かれた図案の例

※ ホプロンに描かれていたものから。

**ポポス**
敵が逃走するようにと願って、こんなまじない図案が描かれた。

**ディーモス**
グロテスクな顔は敵を威嚇したり呪う悪魔を表している。

**獣や鳥など**
勇猛さや俊敏さの象徴。あるいは家の守り神を描いたのかもしれない。

## No.014

# ローマ鎧の決定版とは

ローマの帝政時代を支えた高性能の胴鎧が存在した。それは数世紀も
後に登場する中世ヨーロッパの防具より優れた機能を有していた。

### ●その名はロリカ・セグメンタータ

　1世紀から2世紀にかけて、最盛期のローマ帝国軍で採用された板金鎧が「ロリカ・セグメンタータ」である。数あるローマ鎧の中でも最高峰の品でその構造は独特だ。「組み立て式鎧」とも呼ばれることがある。

　胴部は細長い鉄片を曲げたもの数枚を革紐で接合した造りになっており、まるで人体胴部を包み込む外骨格のようだ。その重量はおよそ9kgである。

　手で曲げられるほどの軟鉄を素材としたため、中世騎士の**プレートアーマー**より柔軟性に富み、衝撃吸収力が高い。斬撃と刺突（剣・槍・矢）に対して特に強かった。また両肩部にも鉄板を連結した装甲が付く。

　この鎧は正面中央部から割れるようになっていて、着用した後に胸部の青銅留め具に革紐を通し、結んで固定する。全体に柔軟な防具ではあるが、その構造のために胸部が圧迫され、少し息苦しいという。

　ロリカ・セグメンタータの一番の短所はメンテナンスが難しいことだった。鉄と青銅を使っているのだが、異種の金属同士の接触は腐食を招きやすい。よって頻繁に油を差す必要があった。また破損した場合は、構造が複雑なので修理も手間だった。この鎧のメンテナンスには職人の手が不可欠だったはずだ。

　錆びないよう常に手入れされているがゆえに、華麗な輝きを帯びている。

　大変有名なローマ鎧ではあるが、運用された期間はわずか100年間である。高度な製造技術と熟練職工が背景になければ存在し得なかった。それでローマが次第に没落し、ゲルマン人が台頭するようになった時代には製造できなくなった。以後は代わって、より柔軟で簡素なスケイルの類が流行することになる。

## ロリカ・セグメンタータの構造

### ロリカ・セグメンタータ

材質：軟鉄
重量：9kg
機能：衝撃の吸収。剣・槍・矢の攻撃にも有効。

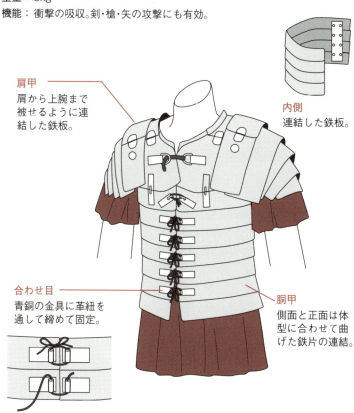

**肩甲**
肩から上腕まで被せるように連結した鉄板。

**内側**
連結した鉄板。

**合わせ目**
青銅の金具に革紐を通して締めて固定。

**胴甲**
側面と正面は体型に合わせて曲げた鉄片の連結。

**手入れ**
鉄と青銅の接合部がとても錆びやすい。常に油を差して磨いた。

**外観**
よく磨かれ美しく輝く。誇らしいローマ軍のシンボル。

関連項目
●プレートアーマー→No.030/037/038

## No.015

# ローマにはどんな鎧があったのか

ローマの防具の多くは周辺諸国の文化を受け継いだものである。特に
エトルリアやギリシャからは多くの装備や戦法が輸入された。

### ●ロリカ・セグメンタータ以外のさまざまな鎧

　初期のローマにおいて、戦場へ赴く市民たちは家に代々伝わる**ブレスト
プレート**を使っていた。首から提げるだけの粗末で原始的な胸甲に、即席
の防具を併せて身を守ったのである。その流れを汲む「ペクトラレ」は重
装歩兵に好まれたブレストプレートで、22センチ四方の青銅板である。
ほかに板を3枚にした型や円形や楕円形のタイプもあった。

　胸と胴をすっぽり覆う胸甲も存在した。ギリシャにおいては**トーラーク
ス**と呼ばれたものだ。胸側と背側の2ピースの青銅鍛造板で構成され、肩
と脇の下を紐で固定する。これは指揮官や騎兵向けの高級品で、ほかのロー
マ防具と同じく、筋肉を模した打ち出し装飾が施された。その胸甲の呼び
名は「ロリカ」だったが、時代が下るとローマでは胴防具全般をロリカと
呼ぶようになる。やがてロリカが胴防具の総称となっていき、「ロリカ・
○○○」というように鎧の種別や特徴が細分化される。たとえば、エトル
リア由来の「ロリカ・ラーメルラ」は小さな鉄片を繋げたラメラーの一種
である。「ロリカ・ムースクラ」はローマにおける革鎧だ。

　このほか、ローマでは補助的に布製の鎧も使われていた。「トラコマクス」
は袖のない革製の短鎧で、鎖帷子の下に着る防具だった。良質な防具を着
られない貧しい戦士は盾を持つことで間に合わせていたらしい。

　「ロリカ・スクアマタ」は紀元前4世紀ごろから使われた共和制時代の
代表的なスケイルアーマーである。斬撃や刺突に強いが、製作に高度な技
術を要するために高価で壊れやすい。主に将校向けだが、軍団の旗手も着
ることができた。これは20～40ミリの青銅か鉄の鱗片を紐・鋲・針金で
革鎧に留めた鎧だ。青銅に錫でメッキをして磨いた鱗を用いる場合もあり、
美しく輝く逸品となった。

## 古代ローマで使われた数々の鎧

### ペクトラレ

古めかしいブレストプレート。

### ロリカ

ギリシャ由来のシンプルな胴鎧。

### ロリカ・ラーメルラ

ローマにおけるラメラー。マイナーな存在。

### ロリカ・スクアマタ

スケイルアーマー。高価できらびやか。

---

関連項目

● ブレストプレート→008　　● トーラークス→No.009

## No.016

# ロリカ・ハマタは最高の鎖帷子だったのか

チェーンメイルは古代から洋の東西を問わず世界中で愛された防具だが、ロリカ・ハマタは中世のチェーンメイルより品質がよかった。

### ●中世には失われた高度な製造技術

**チェーンメイル**は紀元前2世紀には地中海全域に広まったが、ローマでは最初、高価ゆえに裕福な市民兵しか着られなかった。これが後には歩兵への支給品となり、帝政ローマ後期(2世紀)には騎兵の装備品となっている。

ローマにおけるTシャツ型チェーンメイルの決定版を**ロリカ・ハマタ**という。総パーツ数は数万個以上にもなるが、鎖を構成する円環のサイズは5〜10ミリと小さく、鎖の編み目の細かさで高性能を誇っていた。

重量は10〜15キロあり、着用時は腰部のベルトで支えなければならない。ベルトをしないと肩に重さがずっしり来てしまい、動きに支障が生じることがある。

ロリカ・ハマタは、上記の通り長くローマで愛されたが、肩部を二重に補強したり、厚みを増したり、長袖型のものも作られた。基本的には腰の上までを防護するものである。なお、ロリカ・ハマタの先祖とされるケルト人のチェーンメイルは胸と背中だけを防護する簡素なもので、彼らは盾や兜の方を防具として重視していた。

斬撃を効果的に吸収する有能な防具ではあるが、チェーンメイルは刺突や殴打には弱い。鎖帷子が壊れていなくとも、貫通によって大ケガをしたり骨折することがあった。

ちなみにチェーンメイルを騎馬にも装備しようと試みた国家は多くあったが、古代ローマでは行われず、馬用の防具に「馬面」だけを用いていた。革と青銅を素材とし、両目部分はドーム状の金網でガードされる。ただし、これはパレード用で実戦向きではなかったようだ。2世紀になると馬用**スケイルアーマー**と馬面を着けた重装騎兵向け戦馬も登場した。

## ロリカ・ハマタと馬面

### ロリカ・ハマタ

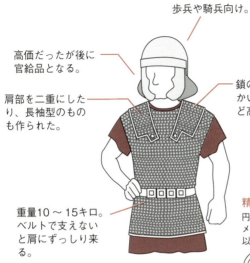

- 歩兵や騎兵向け。
- 高価だったが後に官給品となる。
- 肩部を二重にしたり、長袖型のものも作られた。
- 鎖の編み目が非常に細かい。目の細かい品ほど高性能。
- 重量10～15キロ。ベルトで支えないと肩にずっしり来る。

#### 精巧な編み目
円環のサイズは5～10ミリ。メイルの総パーツ数は数万個以上となる。

### ローマ騎兵隊の馬面

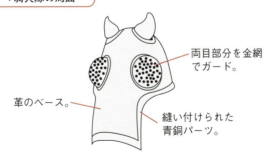

- 両目部分を金網でガード。
- 革のベース。
- 縫い付けられた青銅パーツ。

---

関連項目

- ●チェーンメイル→No.005/006/028/087
- ●スケイルアーマー→No.007/067
- ●ロリカ・ハマタ→No.015

No.016 第1章●古代

## No.017

# スクトゥムはローマを支えた盾だったのか

ローマでは密集重装歩兵隊が大盾で身を守りつつ進軍し、敵を蹴散らす戦法を採る時期があった。その活躍はスクトゥムあってのものだ。

### ●ギリシャからローマへ受け継がれた大盾

ローマにおける重装歩兵は紀元前9〜前3世紀まで活躍したが、全盛期は紀元前6世紀ごろとされ、兵士たちはラテン語で「盾」を意味する**スクトゥム**を用いていた。

もっともよく知られているのが、縦100〜120センチ、横60〜80センチの長方盾だ。重量は使われる材質で異なるが、最高で10キロほど。

軽量な木材を積層して成形し、青銅か鉄の枠で囲い、表面には牛革を縫い付け、さらに麻布で覆ってある。耐久性を増す工夫として全体は湾曲しており、中心部が厚く外側は薄い(厚さ0.5〜1センチ)。そして盾中央には丸い盾芯(ボス)が設けられ、その裏側にグリップが存在する。盾芯は盾での殴打時にダメージを大きくし、矢を逸らす効果もあった。

スクトゥムの表側には、色彩豊かに派手な意匠が描かれることが多かった。時代や地域により異なるが、獅子、鷲、猪、女神、下半身が魚の山羊などの軍団シンボルが知られている。あるいは幾何学模様や部隊番号が記されることもあった。盾裏側には部隊名や持ち主の名も書く。戦闘時やパレードの時以外は保護用の袋に入れるが、それにも盾の表側にあるようなシンボルや番号の布が縫い付けられていた。

形状が方形(方盾)になる以前、スクトゥムはギリシャ重装歩兵の装備に倣った青銅の丸盾、または楕円盾だった。楕円盾も方盾と同じように細木を膠で接着して2ミリほどの厚さにし、表面に羊毛かフェルトを張っていた。それから前述の長方形となったのだが、**ファランクス**が廃れた1世紀ごろには歩兵用の大盾として使われ続け、後期には縦長六角形のスクトゥムも登場する。後の時代、その流れを汲んで東ローマ帝国の重装歩兵は楕円型のスクトゥムを採用していた。

40

## スクゥトゥムの構造と機能

### スクゥトゥムの構造

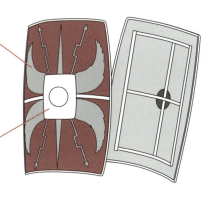

**表側の意匠**
表側には派手な意匠が描かれた。翼や槍を図案化した紋様のほか、軍団シンボルとして、獅子、鷲、猪、女神、下半身が魚の山羊などが知られている。

**盾芯**
裏側にはグリップがある半球形の金属パーツが、本体中央をくり抜いて設けてある。

**牛革**
丈夫な牛革を表面に張り、麻糸でしっかり縫い付けてある。

**麻布**
牛革の上に麻布を張って縫い付けてある。

**金属枠**
盾を補強するための枠。初期には青銅、後には鉄で作られた。

**本体**
細木を横に並べて成形し、その上に縦並びの細木を接着した2層構造で強度を高めてある。ローマのほかの盾も同じ造りだ。

**スクゥトゥムのカバー**
戦場以外では、スクゥトゥムは麻袋に入れて保護していた。盾を袋で保護するのは珍しいケースだが痛みを防ぐためだろう。麻袋にも、盾に描かれているシンボルや番号を描いた布が縫い付けられている。

---

**関連項目**

●ファランクス→No.010/011　　●スクゥトゥム→No.022

## No.018
# 大盾以外のローマ盾や装具にはどんなものがあったか

スクトゥムはもともと重装歩兵向けの大盾で、重装歩兵隊が廃れた後も使われたが、ローマにはそのほかの兵種向けの盾もあった。

### ●ローマのさまざまな盾

「クリペス」または「ソマテマス」と呼ばれる青銅の円形盾は紀元前8世紀ごろギリシャから入ってきたものだ。直径90〜100センチで重量2〜3キロである。ギリシャの**アスピス**に似ているが、表面に渦巻き状の模様が描かれ、趣はやや異なる。これは高価だったのであまり普及しなかった。紀元前1世紀ごろに使われた「パルマ」はそれより小振りな盾で、中〜小型盾の総称ともなっている。円形であることが多く、材質は木製だ。自費で十分な装備を揃えられない者がよく用いていた。

「ケトラトゥス」は騎兵向けの楕円または円形の盾である。パルマとサイズや形状が似ているので一緒にされることもあるが、こちらは金属製で、革を上張りした造りになっていて安物ではない。

### ●軍人の装具

ローマ軍の将官は円盤飾り「ファレラエ」や首輪状の飾り「トルク」（ケルト由来の装身具）を胸に着けていた。これらの目立つ装具はアクセサリーでもあるが現代の勲章に相当し、戦場に着けていく習わしがあった。

「シグニフェル」と呼ばれる旗手も一風変わった格好をしていた。将官と同じ高価な光り輝く鱗鎧を着て、さらに熊やヒョウなど猛獣の獣皮を羽織る。頭に狼などの獣皮を被ることもある。旗手は兵士らの士気を高揚するために軍団旗を掲げており、目立つ場所で勇敢さを演出する必要があった。敵に狙われる危険は承知の上だっただろう。1世紀ごろにドイツの古戦場で使われていたらしい金属製のフェイスマスクが出土しているが、これも旗手が被っていたとみられる。神か英雄を象ったであろう仮面は通常は祭祀に使われるのだが、戦場で防具として機能した可能性もあるだろう。

## ローマの丸盾

### パルマ

シンプルな丸盾。木製だが、盾芯は金属製。

### ケトラトゥス

騎兵向けの中型盾。金属に革張りした高級品。

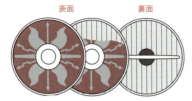
表面　　裏面

## 軍人の装具

### ローマ将官の装具

胸から腹にかけていくつも金属装具をぶら下げていた。多少は防御効果があったかもしれない。兜を飾るクレストは兵士が縦で将官は横向き。

### 旗手の出で立ち

フェイスマスクや獣皮を頭に被ったり、磨かれたロリカ・スクアマタの上に獣皮を羽織る。軍団旗は長杖型だった。

**トルクとファレラエ**
首輪は元々はケルトの風習。ケルト人を倒して得た戦利品を意匠とした装具がトルク。

### 関連項目
● アスピス→No.010

## No.019
# ローマ兜カッシウスはどのように進化したか

紀元前3世紀から紀元後3世紀まで使われたローマ兜は、その総称をカッシウスまたはガレアという。地方ごと時代ごとに多くの種類があった。

### ●各都市で量産されたローマ兜

　原初のローマ兜はギリシャ兜(**コリュス**)の影響が強い「エトルリア・コリント式」で深いバケツ型だった。ほかにもいくつかの系統があったが、帝政時代までにローマと関係を深めたケルト民族が愛用した、お椀型兜が主流となっていく。その「モンテフォルティノ式」兜はギリシャ兜より軽量で、蒸れて疲労する心配もなかった。ただし防御力は低下する。

　ローマ兜「カッシウス」は青銅で鋳造するのが主流で、溶けた青銅を密閉された型に流して回転させるとうまい具合にできる。後に鉄の兜も登場するが、この時代の鉄は脆く、鍛造鉄でなければ青銅兜より劣っていた。

　モンテフォルティノ系の古式兜には、ツバなしキャップ型・円錐型・頭頂が尖った円錐型などがあり、紀元前1世紀ごろから後面に庇が付くようになった。これに頬当(左右を紐で結んで固定)が付属した型が有名だろう。さらには後頭部と首を守る大きな襟甲が追加された。後頭部は人体の弱点であり、背後や頭上から狙われやすい部位なのだ。こうして、キャップ型兜に上記パーツが追加されて決定版ができたわけである。

　歩兵兜の場合、集団戦で号令を聞くため、耳部が大きく開いたものもあった。比して、騎兵兜は全方位からの攻撃を防ぐため、より堅牢にできている。耳部は耳穴を空け、襟甲は小さめだ。襟甲が大きく広がっていると、落馬した時に首の骨を折る恐れがあるためだ。3世紀ごろの騎兵兜は、カールした髪状のレリーフを入れたり、獣毛や人毛で装飾することもあった。

　なお、兜の頂部には房飾り「クレスト」を付ける習慣があった。ギリシャ兜の**ヒップーリン**と同様、馬の尾毛や羽毛で房飾りかトサカを形成する。当初は指揮官のみだったが、後に一般兵は縦のトサカ、将校は横向きのトサカを付けるようになった。

## さまざまな形式から進化したカッシウス

### エトルリア・コリント兜の一種

紀元前に用いられたギリシャ系兜だが、中にはこのように後頭部側に傾けて被るのを前提とした変則的なものもあった。

### 典型的な流行と進化

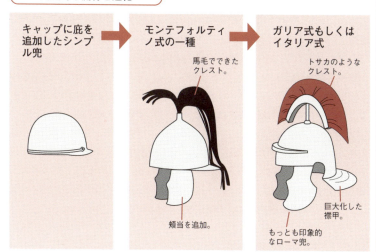

キャップに庇を追加したシンプル兜 → モンテフォルティノ式の一種 → ガリア式もしくはイタリア式

馬毛でできたクレスト。
頬当を追加。
トサカのようなクレスト。
巨大化した襟甲。
もっとも印象的なローマ兜。

### インテルキサ式カッシウス

後期に流行したタイプのひとつ。美観は失われたが機能的に進化している。

---

**関連項目**

●コリュス→No.012　　●ヒップーリン→No.012

## No.020

# ローマ兵はなぜ部位防具を使うようになったのか

ローマでは長らく大盾スクトゥムを使っており、腕や脚の防具を付ける習慣がなかった。それがある戦いで一変したのだった。

### ●古代ローマの部位防具2種

伝統的なローマ戦士は**カッシウス**（兜）と**ロリカ**（鎧や胸当などのさまざまな胴防具）、それと時代や兵種によって異なる大小の盾を装備していた。かつての一般ローマ兵はそれら以外の部位防具を身に付けていなかった。

ただし、遊撃隊の軽戦士や闘技場の剣闘士は別である。

軽戦士は外国人や傭兵、貧者などで構成されるため、その装備は雑多だった。剣闘士は戦争に行くわけではないが、観衆を楽しませるためにさまざまな装備を使わされる。時には現役兵士より立派な防具を着けていることもあったくらいだ。

さて、ローマ軍では1世紀ごろのダキア遠征（現在のルーマニア）で辛酸を舐めた経験が、腕や脚の防具を採用するきっかけとなった。ダキア人はファルクス（曲刀）で腕や脚ばかり狙う戦法を採っていたのだ。動きを封じてからトドメを刺すのは有効な戦法だ。

ローマ帝国の版図を最大にした偉大な皇帝トラヤヌス（在位98－117年）はこうした事態を憂慮し、脛当を兵士の正式装備とした。

「グレアヴェ」は青銅の脛当で、革紐で脚に固定する。裏地に緩衝布が付いたり、魔除けの意匠や筋肉を模したレリーフが入ることもある。

多くの場合、兵士は利き足となる左足（右手利きの場合）にだけグレアヴェを装備した。全身ガチガチに防具で固めてしまっては動きが鈍くなるからだろう。

同じく、腕を守る防具は「マニカ」といい、武器を持つ利き手に装備する。こちらは**ロリカ・セグメンタータ**のように板金を曲げ重ねて作られたもので、盾だけで敵の攻撃をカバーできない場合に有効だった。

## No.020 本来は部位防具を好まなかったローマ兵

第1章 ● 古代

マニカとグレアヴェはダキア遠征の戦訓として採用された。

**マニカ**
板金を曲げて作った金属籠手。通常、武器を持つ方の手にだけ装備する。

**グレアヴェ**
青銅製の脛当。重量を軽減するため、通常は左足にだけ装備する。

ぎゃ！

ダキア人は手足を狙ってくる！

これはいかん。脛当を全員に装備させよ

トラヤヌス帝

これでもう大丈夫！反撃だー！

### 関連項目
● ロリカ・セグメンタータ→No.014
● ロリカ→No.015
● カッシウス→No.019

## No.021

# 闘技場の剣闘士はどんな防具を使っていたのか

紀元前3世紀ごろに始まった剣闘士の試合の起源は、貴族の葬儀での儀式だった。奴隷や捕虜を戦わせ、流血を死者に捧げたのだ。

### ●試合を盛り上げる多彩な装備と演出

　コロシアムでの戦いは完全なエンターテインメント、ショービジネスと化していき、共和制末期には剣闘士養成所も作られ、民衆を熱狂させた。

　ほとんどの闘士は兜の着用と盾の所持を許されている。急所である頭部はしっかり防御するが、戦士を守るというより、戦いを簡単に終わらせないためだ。試合が一撃で終わってしまってはつまらないということだ。顔面部分は金網で覆ってあるが、両対戦者の表情を隠すためだった。また、相手が知り合いだった場合に戦意を失わないようにする目的もある。

　だが兜に比べ、胴の防具は厳しく制限された。第一に流血した時、観衆によく見えるようにするためだ。闘士らは急所を技量でカバーしつつ戦わなければならず、そこが観戦の楽しみともなった。

　部位防具は腕用チェーンメイル、布製の籠手、**マニカ**、オクレアなど多岐にわたる。「オクレア」というのはトラキア人が使う裏打ち布で補強された青銅製脛当である。闘技場には多彩な武器防具が揃っており、軍で採用されるより早くから用いられていたものさえあった。物珍しさを煽るためにあえて異国の装備を使わせたり、怪物じみた扮装もさせていた。

　装備の違いによって基本5種類（派生型を含めると20種近く）の剣闘士タイプが設定され、それぞれレギュレーションが定められていた。

　たとえばムルミッロ（半魚人）タイプなら**スクトゥム**と短剣を持ち、魚頭型の兜やマニカなどを装備する。トゥラケス（トラキア戦士）タイプならパルムと曲刀を持ち、クレスト付き兜やオクレアを装備する、といった具合だ。そして異なるタイプの闘士で対戦させる。ゲームとしてのバランスはよく考えられており、三又槍と投網を使うレタリウス（網戦士）タイプは攻撃面でかなり有利なためか、防具は兜さえも許されなかった。

## ローマの剣闘士について

さまざまな剣闘士タイプがあり、レギュレーション（使用できる武器防具）が決まっていた。試合では異なるタイプの対戦相手と戦う。

### 剣闘士の一例

**半魚人戦士ムルミッロ**

- 指定武器はグラディウス。
- 顔面は金網で覆われる。
- 利き腕は布籠手やチェーンメイルを着用。
- 任意でズボンを穿いてもよい。
- 足にはオクレア着用。
- 致命傷を避けるため兜は必須。
- 兜の形は剣闘士タイプで異なる。動物の意匠。
- スリリングな戦いを演出するため、胴体の防具を制限。
- 指定盾はスクトゥム。

### 風変わりな剣闘士

**網戦士レタリウス**

攻撃力が高いので腕防具しか着用できない。素顔をさらすため、りりしい若者が選ばれた。亜種に投縄を使う縄戦士ラクエリアスがある。

**重装戦士ホプロマキ**

防御力は高いが動きが鈍い。武器は長槍。逆に、身軽さを売りとする軽戦士プロボカトゥールというのもあった。

**二刀戦士ディマカエリ**

盾は持たず両手に剣を持って戦う。軽装であっただろう。亜種の切り裂き戦士スキッソールは右手に短剣、左手に刃付きの籠手を装備。

**女戦士グラディアトリクス**

人気が高かったと思われ、兜は着けないことが多かった。女同士で戦わせたり、逆にそれを禁止する法令が出たりしている。

---

**関連項目**

- スクトゥム→No.017
- マニカ→No.020

## 古代世界の兵種とその防具

　古来より広い地域を支配した偉大な国家群は、抜きん出た軍隊を有していた。中でも長らく戦場で主力を務めたのは重装歩兵の部隊だろう。共和制ローマ軍は以下のように重装歩兵を中核とした軍団編制をしていた。

●**エクイテス**：騎兵隊。ローマ市民の富裕層からなる部隊。槍とケトラトゥス、ロリカ・スクアマタなどを用いた。騎兵は打たれ弱いため重厚な防具を着る傾向にあった。鐙がまだ発明されておらず、騎乗が不安定なため、戦場では哨戒・牽制・追撃など補助的な役割しか果たせなかった。馬は国家が支給したが、各人の装備や訓練費用は自己負担だった。

●**ハスタティとプリンキペス**：重装歩兵のうち、ハスタティは若者を中心にして編制された部隊で、最前線に配備される。投げ槍と剣、スクトゥムを装備し、カッシウスや雑多な鎧を着用していた。ハスタティが後退した場合、より年かさの者で編制されたプリンキペスが剣で斬り込む。彼らの装備はより上等で熟練度も高め。プリンキペスが先鋒担当の場合もあった。

●**トリアノイ**：35歳以上の熟練兵からなる重装歩兵。長槍と充実した防具を装備した援護役で、火消しとして後方にいることが多い。戦況が不利な場合に投入され、最後の手段という意味で「トリアノイに頼る」という言い回しがある。

●**ウェリテス**：遊兵・散兵。中流以下の兵士で構成されるが、重装歩兵には敵わないので敵主力と直接ぶつかることはない。投げ槍や短剣など雑多な武器を持ち、パルマや毛皮の防具で身を守った。軽装なので機動力があり長時間の活動が可能。

●**アーラ**：同盟軍。ヌミディア（アルジェリア）騎兵、ガリア人、ゲルマン人、シリア人など周辺国の兵士による補助部隊。

　共和制から帝政に移行した後、正規軍の兵士たちには良質な量産装備が行きわたるようになり、身分や兵種による装備のグレードは差がなくなった。しかし、帝国の版図が広大になると装備の統一性が失われてしまう。装備は現地で調達するようになり、地域ごとに格差ができた（同じ鎧でも鉄製のものと青銅製など）。
　そのほか、古代国家の特色ある部隊を挙げていく。
　**カルタゴ**軍は戦象部隊と重装歩兵を有し、ヌミディア騎兵を傭兵として用いていた。**ガリア**の部族は重装騎兵と軽騎兵、それに歩兵で構成され、ゲリラ戦を得意としていた。武器は剣・槍・棍棒などで、守りは盾だけ持つのが普通だった。**パルティア**の遊牧民は騎兵が有名である。貴族からなる重装騎兵は長槍で武装し、スケイルアーマーを着ていた。平民は弓騎兵隊を組織した。**ササン朝ペルシャ**には重装騎兵と軽騎兵、弓騎兵がおり、数名の弓兵が乗り込む台座を載せた戦象も用いた。遊牧民の**フン**族は軽騎兵が主力だが、強力な合成弓で敵を圧倒した。武器は特徴的な直刀で、兵士らは投げ縄も得意だった。

# 第2章
# ヨーロッパ

## No.022
# ガリア人は丸盾を愛用したのか

ガリア人の領域まで勢力を伸ばしたローマ帝国。両者は激しく争いな
がら互いの文化を採り入れ合って最終的には同化した。

### ●中世ラウンドシールドの源流となった蛮族盾

　ガリア人の丸盾は直径30〜100センチとさまざまだが、50センチ前後
が主流だった。このくらいの大きさだと持ち運びに便利である。重量は0.
5〜2キロ、厚さは6〜8ミリで薄い木板を交互に積層した造りである。ロー
マの**スクトゥム**なども同じ構造だが、木材を垂直に交差させると割れにく
い盾ができる。ほかに革製のものもあった。彼らの盾は白兵戦では有効な
ものの防護力は当てにならず、矢に対して無力だった。

　主材こそ木だが、金属の枠と盾芯(半球か円錐型)があり、盾芯の裏側は
金属の取っ手になっている。絵か模様が描かれることもあり、それが中世
貴族の家の紋章のルーツともなった。

　ガリア人は盾以外の防具はせいぜい兜しか用いなかった。「守りを固め
るのは臆病者」という認識があったので、重武装のローマ軍に敗退しても
戦訓を容れず軽装なまま、小さめの盾を好んだ。そして自らの盾を誇り、
なくすと自害することすらあったという。ガリア人はこのように頑なだっ
たが、ゲルマン人(一派のゴート人)はローマと接触後、可能な限り重武装
するようになった。

　ローマ帝国後期、ガリア人がローマに同化した時代に古来の丸盾は一時
姿を消すが、暗黒時代になってまた流行した。逆にスクトゥムのようなロー
マの主流大盾は5世紀以降に廃れた。

　中世西洋で14世紀まで使われた**ラウンドシールド**の源流のひとつはガ
リアの丸盾にある。西洋凧形をした**カイトシールド**が登場してからは、対
比する意味で、丸盾は「蛮族風シールド」と呼ばれるようになる。カイト
が西洋盾の主流へと取って代わった時代、中東やモンゴルでは丸盾が主流
だった。軽くて扱いやすいため、歩兵のほか騎兵にも好まれたのである。

## 素朴な造りだった木製ラウンドシールド

### 戦うガリア人
「守りを固めるのは臆病者」という通念があり、小さな木の丸盾と兜という最低限の装備で戦いに臨んだ。

### ガリアのラウンドシールド
木材むき出しの粗い造りの盾も多かった。

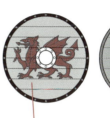

表面　　　裏面

表面に幾何学模様や獣の絵。

盾芯の裏側には取っ手。

金属製の盾芯。

金属の枠。

---

## ❖ ケルト人/ゲルマン人/ガリア人の違い

　彼らは、おおざっぱにいえば白人という部分で共通している。このうち最初にアジアから入ってヨーロッパ一帯を支配したのがケルト人だ。
　フランスにいたケルト部族をガリア人と呼んだのは、ローマ人だった。ガリアはローマと接触し、戦争に始まって民族融和に至るまで深い文化交流を為した。
　その後、アジア系のフン族に押されてゲルマン人が西欧へ侵入し、勢力を拡大した。こうして暗黒時代が到来し、ローマの滅亡とともにケルト文明も衰退したのだった。

---

関連項目
- カイトシールド→No.002/041
- ラウンドシールド→No.024
- スクトゥム→No.017

No.022　第2章●ヨーロッパ

## No.023
# スパンゲンヘルムとはどういうものか

ゲルマン人を初めとするヨーロッパの人々に広く愛された兜がスパンゲンヘルムであり、それは暗黒時代の象徴でもあった。

### ●シンプルにして特徴的な蛮族兜

「スパンゲンヘルム」はフランク人、ブリトン人などゲルマン系の民族に広く愛された兜で、ケルトやゲルマン戦士の主な防具のひとつとして知られる。

砲弾のようなシルエットだが、これは特に上からの打撃によく耐える。頭頂部が尖っていないキャップ型の兜も存在する。兜本体は、青銅板を組み合わせた太枠に鉄板を鋲で打ち付けて形成されており、稀に総鉄製のもあった。そして眉間から額にかけて、目と鼻を守るためのT字型板金が付けられる。さらに場合によって、金属ゴーグルやマスク、鼻当、頬当、首回りを守るチェーンメイルなどを付属させることがあった。

兜の裏側には、現代のヘルメットと同じように上辺部に輪状の組紐が裏打ちしてあり、個人ごとにちょうどいい高さに調節できた。このように隙間があると、外からの衝撃を和らげて蒸れも防げる。さらに緩衝材として布の詰め物をすることもあった。

当時としては優れた防具であり、ケルトやゲルマン人と敵対していたローマ人の軍用兜の進化に影響を与えたという。そして、その後の暗黒時代——5世紀から11世紀までヨーロッパ各地で見られる標準的な兜のひとつとなった。

このほかの古代ヨーロッパの兜といえば「バイキングヘルム」が有名で、ファンタジー世界では（なぜか）ドワーフがよく使っている。両側頭に角を付けた兜は、北欧の**バイキング**が紀元前800年～紀元後9世紀まで伝統的に用いていたものだ。材質は青銅で鉄製もある。まさに海賊を象徴する勇壮な兜だが、実の所は儀式の道具だった。バイキングたちは、実戦では普通のスパンゲンヘルムや革帽子を愛用していたようである。

## スパンゲンヘルムとは

### スパンゲンヘルム

砲弾のような形状で打撃に耐える。

頭頂で交差する金属板と鋲。

目鼻を守る
Ｔ字板

目を守る
ゴーグル

側頭部を守る
頬当

顔を守る金属
のマスク

首回りのチェーンメイル

**内部の構造**

環状にした組紐。調節して頭にフィットさせる。現代の工事用ヘルメットの中身もこれと同じ。

### バイキングヘルム

スパンゲンヘルムに装飾角を付けた儀式用の道具。

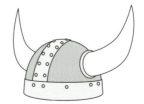

**関連項目**

●バイキング→No.024/041

## No.024

# 古代ケルト人は盾や兜以外の防具を使用していたのか

中世ヨーロッパという時代には、華やかなローマで培われた技術の多くが失われ、防具もより原始的なものが普及していた。

### ●ケルト系民族の防具いろいろ

ガリア＝ケルトの**ラウンドシールド**には、北欧系とギリシャ系の2系統がある。

**バイキング**が愛用していた古臭い丸盾は直径90センチとやや大型で、重量は1.5〜3キロ。厚みは1センチ前後でポプラ製が多い。表面は平らになっている。上半身をカバーするように使い、略奪に成功したら戦利品を盾の上に載せて凱旋した。

ギリシャの**アスピス**が源流と思われる丸盾は、表面が曲面になっているのが特徴だ。直径は50センチ、木製で革が張られていた。特に5〜7世紀の英国でよく用いられ、11世紀ごろに廃れた。

また、14世紀スペインで軽騎兵ヒネーテによって用いられた「アダルガ」も丸盾の仲間とされる。その形状はハート型で、材質は革だった。

ところで、「盾を頼みに裸で戦った勇敢な」ガリア人はケルト人の一派ではあるのだが、ヨーロッパ一帯にいたケルト人が昔からみんな軽装で丸盾を好んだというわけではないようだ。

たとえば、紀元前8〜6世紀に栄えたハルシュタット文明の遺跡からは長六角形型の立派な造りの歩兵用盾が出土している。材質はオークで革かフェルトで表面を覆い、鉄の枠も付いていた。裏側の取っ手も鉄製だ。表面は着色して模様を描いてある。また、紀元前5〜3世紀のケルト人が、メソポタミアや初期のローマで使われていたような簡素な**ブレストプレート**を用いていたこともわかっている。

さらに古い時代、紀元前15世紀の墳墓からは青銅の鍛造プレートアーマーが出土した。ほかにスケイルも用いていた痕跡がある。当時の人々はそれら鎧の上にショールやケープを羽織っていたとみられる。

## 古代ケルトの六角盾と変わった丸盾

### ハルシュタット文明期の長六角形歩兵盾

紀元前8〜6世紀に使われたもの。

表面

裏面

表面に模様を描いた。

鉄製の枠と盾芯。

表面は革かフェルトで覆われていた。

材質はオーク。

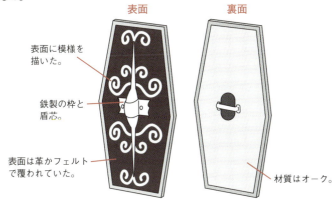

### アダルガ

14世紀スペインにおけるアラブ人傭兵の軽騎兵ヒネーテが持っていた革盾。ラウンドシールドの亜種でハート型をしている。

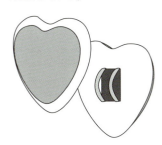

---

関連項目

- ブレストプレート→No.008/015
- アスピス→No.010
- ラウンドシールド→No.022
- バイキング→No.023/041

57

## No.025

# コートオブプレイツとはどんな防具だったのか

板金コートとでも訳すべきだが、文字から想像するイメージと違って
丈の短いものも多かった。ベスト型の方が戦場では実用的かもしれない。

### ●チェーンメイルから進化した便利な防具

　中世の鎧の中でも、**プレートアーマー**が登場する以前、12～14世紀の
防具にコートオブプレイツがあった。略して「プレイツ」とも呼ばれ、英
仏を中心にヨーロッパに広く普及していたという。

　いわゆる「板金付きコート」というのは西洋独自の言い回しで、似た造
りの防具が近隣地域にあっても呼び名が違ったりする。普及していた割に
は遺物や記録が乏しく、下に重ね着されたので絵画で描写される機会も少
なかった。鎖帷子よりも手軽に製作運用できたことは確かだろう。

　キャンバスコートに複数の四角い板金を並べて鋲打ちした構造である。
板金札は水平に、胴体正面だけを守るように、あるいは胴周りを囲むよう
に並べられる。一例を挙げれば、胸部は縦長板を並列に、腹部は横長板が
5枚連結され、背面と側部は縦長の板を並列に打ち付けてあった。

　通常、板金は布地の裏側に打ち付けられていて、逆**スケイルアーマー**と
でもいうべき構造になっている。表側に厚い胸甲を付けたり、革板などを
表側に貼ったタイプなどもあり、バリエーションは豊富だ。

　板金を内張りした一般的なプレイツの場合、表の面にたくさん鋲頭が付
いた衣服のようになる。木の葉型の飾り鋲を用いることもあったし、肩当
や布鎧の長袖が付属することもある。

　完成したプレイツの形状は、様式や仕様が一定ではないためにさまざま
だが、エプロンかチョッキかコート型になる。身に纏ったら背中か脇や肩
で留めて固定するようになっていた。

　金属鎧に比べれば信頼性は低いが、**チェーンメイル**や**アクトン**の上に羽
織れば相乗効果が期待できた。プレートアーマー登場後は、その下に重ね
着されることもあった。

## 裏側に板金を仕込んで守るコートオブプレイツ

> コートオブプレイツ

基本的に表側には鋲が並んで見えるだけで、見た目は地味な場合が多い。

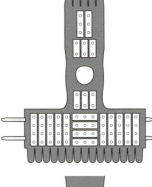

### 裏地

裏側に板金を並べ、鋲打ちしてある。胴正面だけを守るタイプ、全周に板金が仕込まれたタイプなどさまざま。板金の分だけ重くなるので一長一短。固定紐は背中側にあることが多い。

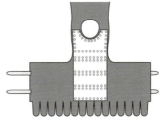

### プレイツのバリエーション

レザー下地にハードレザーの板を打ち付けた総革製プレイツ。表側にプレートを貼るのは珍しい。

---

**関連項目**

- チェーンメイル→No.005/006
- スケイルアーマー→No.007
- アクトン→No.027
- プレートアーマー→No.030/037/038

## No.026
# ブリガンダインはもっとも普及した防具なのか

ブリガンダインとプレイツは同種の防具とされるが、あえて分類する
ならブリガンダインはより身体にフィットした胴鎧といえそうだ。

### ●プレイツより洗練され、重宝された伝統の品

　14〜17世紀の間に英国・ドイツ・イタリアなどで流行した装甲ベスト
の**ブリガンダイン**あるいは「ブリガンディーン」は西洋でもっとも普及し
た防具といわれる。**プレートアーマー**のような高性能鎧が登場した後も、
兵士や従者、それに軽装を好む騎士らによって使われ続けた。

　革か布の裏に複数の鉄板を鋲打ちした防具で、この構造は**コートオブプ
レイツ**によく似ており、同種の防具に分類される。

　布なり革なりのベースの外側でなく内側へ板金を鋲打ちするのは西洋な
らではの着想と思いきや、中東やアジアにも似た防具は存在する。モンゴ
ルの「ハタンガデゲル」はブリガンダインの一種だが、肩や腰までカバー
するコート型の革鎧で、騎兵によって用いられた。

　プレイツが鋲頭の浮き出たコートなら、ブリガンダインはブツブツと鋲
頭が浮き出ている個性的な革鎧である。鋲止めでなく糸や紐で縫い付ける
こともあり、その場合は表面に特徴的な縫い目が出る。

　革鎧のように見えても内側に金属板が仕込まれており、普通の革鎧より
はるかに防御力は高くなっている。たいていはベスト型だが、肩当が追加
されたモデルもある。重ね着も可能で、下に布鎧や**チェーンメイル**を着る
者もいた。

　ブリガンダインは本来は兵士向けの装備ではあるが、中世後期には飾り
鋲頭や表面を美麗に彩った貴族向けの品も登場した。それだけ優秀であり、
使い勝手のよい防具と認められた証である。

　「バンデットアーマー」という異名も聞くが、語源となったブリガンド
に山賊という意味があるために広まった俗称らしい。

## スタイリッシュなブリガンダイン

### ブリガンダイン

板金を裏打ちした胴鎧。

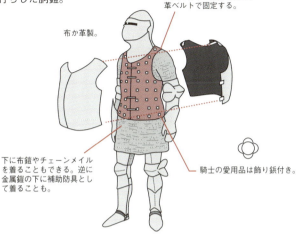

布か革製。

正面・背中・脇部で割れ、革ベルトで固定する。

下に布鎧やチェーンメイルを着ることもできる。逆に金属鎧の下に補助防具として着ることも。

騎士の愛用品は飾り鋲付き。

### 裏側

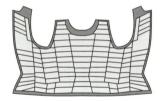

内側に沿って板金が隙間なく並べられている。このように良質なブリガンダインには、プレイツよりも数段高い信頼性があった。

### ハタンガデゲル

モンゴル軍が騎兵用に採用していたブリガンダインの一種。裾が長く肩甲もあり、防護範囲が広い。

---

**関連項目**

- チェーンメイル→No.005/006/028
- コートオブプレイツ→No.025
- プレートアーマー→No.030/037/038
- ブリガンダイン→No.090/095

**No.027**

# クロスアーマーとレザーアーマーには種類があるのか

布鎧は金属鎧の下着としてよく用いられた。金属鎧を肌身に直接着ると傷ができやすいので、どうせ下着を着るならと防具化したのだろう。

## ●たかが革鎧でも高級品はスゴイ？

　**布鎧**＝「**クロスアーマー**」類は古代から各地で使われていたはずだが、古すぎて痕跡が残っておらず、詳細は語れない。少なくとも、古代ローマでは剣闘士が詰め物をした手足用布防具をよく使っていた。オリエントの騎馬民族スキタイ人も紀元前からずっと布鎧を愛好していたようだ。上等な防具ではないが、軽量で入手しやすいのが利点だ。

　中世フランスの「**ガンベゾン**」という布防具は金属鎧の下に着て肌を守り、防寒着としても機能する。「アクトン」「アケトン」「ジュポン」などという類似品を含め、10〜15世紀ごろまで用いられた。キルト加工した布に綿・麻・羊毛・ボロ布などを詰めたもので、よい緩衝材となった。なお、本書では(詰め物入りを含め)防御効果のある衣類を布鎧と表記する。

　**十字軍**兵士はガンベゾン＋**チェーンメイル**＋上着という風に重ね着するのが標準的だった。逆にガンベゾンの下に金属片を仕込むのは貧しい兵士だった。富める者は補助防具、貧しい者は主防具として使っていた。

　「レザーアーマー」には多くのバリエーションがある。「ハイドアーマー」といえば**毛皮**をそのまま着たようなものを指す。「ソフトレザーアーマー」はなめし革の鎧で、現代の革ジャンパーと同等の品だ。そして「ハードレザーアーマー」は煮詰めて硬化加工した革で作った鎧。ファンタジー世界における一般的な革鎧と言えばこれだろう。しっかりしている分、ほかの防具との重ね着はしづらい。製作に手間もかかっただろう。

　「スタッテッドアーマー」または「スパイクドレザーアーマー」はハードレザーに鋲を打って補強した代物だ。革鎧の中では最上級品に位置すると思われ、軽くて柔軟性があるのに防御力は高く、金属鎧のような音は立てないといった利点が豊富にある。

62

## クロスアーマーとレザーアーマーの実際

### アクトン

布鎧の一例。アクトンは英国における布鎧の呼称。緩衝材が詰められ、打撃を和らげる。防寒効果もある。

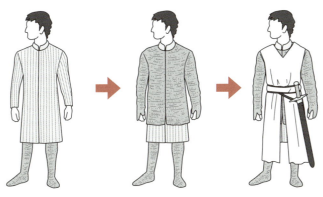

金属の鎧を直に着ると擦れたり、打撃の衝撃が直接に伝わるのでアクトンを着て身体を保護する。

チェーンメイルの鎧を着る。

サーコートや金属の防具を着用する。

### レザーアーマー

ファンタジー作品ではありふれた品だが、西洋の実際の歴史ではマイナーな存在。他種の防具がより多く用いられた。

**関連項目**

- チェーンメイル→No.005/028/029
- クロスアーマー→No.005
- ガンベゾン→No.028
- 布鎧→No.039/088
- 十字軍→No.041/044
- 毛皮→No.100

## No.028

# チェーンメイルは中世の防具のスタンダードだったのか

中世の騎士は柔軟で防御力が高いチェーンメイルを好んだ。ほかの防具との併用など融通も利くし、とにかく使い勝手がよかったのだろう。

### ●中世のチェーンメイルの実際

　ヨーロッパ地域では、ローマ帝国の衰退で高度な製鉄技術が失われてしまった。金属鎧の製造に必要となる大きな鉄塊が得られなくなったため、中世世界ではしばらくの間、**チェーンメイル**が防具の主流だった。その質もローマ時代よりだいぶ落ちて、円環サイズ10～30ミリという粗い鎖で編まれていた。丈長の鎖帷子「ホーバーク」はそんな中世チェーンメイルの代表格で、10～13世紀の英国で盛んに用いられた。

　胴部は腰の下までをカバーし、長袖付きで、頭を覆うフードやミトン型の手甲（手の平は露出）まで一体化されているモデルが一般的だ。革や布の下地が付属している場合もある。下着として**ガンベゾン**を着た上で、この鎖帷子を下から潜って装着する。当時の騎士はホーバークに加え、下半身用の鎖帷子と、足にもチェーンメイル様の長靴かサバトン（鉄靴）を履いて、全身鎖帷子で固めた上にサーコート（羽織り布）を纏っていた。

　ホーバークは相当な重量があるので、騎兵向けの「ホーバージョン」という丈が短いタイプも存在した。

　ところで、鎖帷子は騎士の標準装備といっても安くはなかったので、貧しい戦士は「スプリントアーマー」という間に合わせのような防具を使っていた。スプリントとは、骨折部位を固定する添え木を意味する。

　布鎧や革鎧の上に金属・革・木などを板状にして縫い付けるのだ。複合素材の鎧という意味では、**ブリガンダイン**などと共通する。籠手や脛当などの部位防具も同様のやり方で補強されることがあった。その場合は板きれでなく棒状の素材が使われる。防具というより補強の手段に近い。

　貧者だけでなく、騎士がスケイルやチェーンメイルの上に板を縫い付けることもあり、こうした鎖帷子は「**スプリントメイル**」と呼ばれた。

64

## プレートメイル導入前の騎士の出で立ち

**ホーバークと十字軍の騎士**

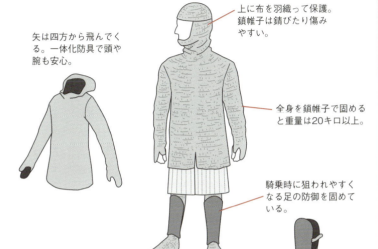

矢は四方から飛んでくる。一体化防具で頭や腕も安心。

上に布を羽織って保護。鎖帷子は錆びたり傷みやすい。

全身を鎖帷子で固めると重量は20キロ以上。

騎乗時に狙われやすくなる足の防御を固めている。

### ❖ 平民の家に伝わる武器防具

　中世以降のヨーロッパ住民は、勇猛なゲルマン人の血を受け継いでいた。後には厳格な階級社会が形成されるものの、初期には農民戦士という「戦闘も農業もやる」自由市民が大勢いた。剣などの武器や胴鎧、鎖帷子などは高価ということもあり、手入れをしながら数世代にわたって使い続けるのが当たり前であり、バックラーなど木盾程度なら自作したものだ。

　そういう習慣もあってか、兵士は自前で装備を揃えていたが、合戦の趨勢を握る弓兵隊（平民出身）にはコートオブプレイツや短めの鎖帷子、籠手や首用防具が配布されることもあった。

### 関連項目
- チェーンメイル→No.005/006/029
- ブリガンダイン→No.026/090/095
- ガンベゾン→No.027
- スプリントメイル→No.029

## No.029

# プレートメイルは過渡期の板金鎧だったのか

製鉄や鍛冶の技術革新が進むに従って、西欧では次第に板金鎧が普及したが、発展途上期にあって騎士たちは重量の問題で苦労した。

### ●鎖帷子の上に板金を重ねる

**プレートメイル**は**チェーンメイル**と胸当や籠手などの板金防具を組み合わせたものと考えればよい。「プレート・アンド・メイルアーマー」というのが正しい呼び方で、"チェーンメイルを着た上、胴・腕・肘・膝・脛など各部位に板金防具を革紐などで固定した状態"を指す場合が多い。これらは最初からセットで作られたわけではない。

「コンポジットアーマー」というのはその別名もしくは進化形だ。「コンポジット」には「パーツを連結する」という意味がある。また鎖帷子の上に板金防具を縫い付けた急造防具「**スプリントメイル**」は逆に、プレートメイルの先祖に位置付けできる。

14世紀に始まる百年戦争(1337－1453年)の前半、英仏両軍は貫通力の高い長弓やクロスボウを使うようになり、チェーンメイルの防御力では太刀打ちできなくなり、板金が防具として積極的に用いられるようになった。また、板金鎧に身を固めた騎士が下馬し、重装歩兵として戦うこともあった。こうした徒歩の重戦士は**メンアットアームズ**と総称する。

プレートメイルは防具の進化史上では過渡期の装備だが、この後に登場する高価な**プレートアーマー**を買えない貧しい騎士や兵士にとっては愛用品となった。オーダーメイドでない分、一部が壊れたりしても部品の交換がすぐにできるのが強みだ。ただし、その重量には問題があった。通常、アクトン(布鎧)の上にチェーンメイル、さらにプレートを重ね着するが、このために合計重量は40～60キロにも達することがあった。

馬上で戦うなら何とかなるかもしれないが、かなり辛い。全身板金鎧セットのプレートアーマーはそれより軽くできたので、プレートメイルがもっとも重たい甲冑といえるかもしれない。

## 部品交換が楽なレディメイドの板金鎧

チェーンメイルの上に添え木のように板金を補強した急造防具。

**進化**

オーダー品のプレートアーマーを着られるのは富裕層だけ。プレート全盛期でも、一般騎士、傭兵、兵士らはこの手の板金鎧を着用していた。

**進化**

コンポジットアーマー

・部位防具の寄せ集めなので、どこかが壊れても簡単に交換できる。

・チェーンメイルを着ているので、必要に応じて板金部品の着脱が可能。

・寄せ集めなので、合計重量が増大して体力、動作ともに厳しかった。

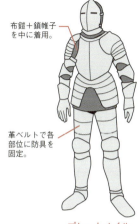

布鎧＋鎖帷子を中に着用。

革ベルトで各部位に防具を固定。

プレートメイル

コンポジットアーマー

### 関連項目

- チェーンメイル→No.005/006/029
- プレートメイル→No.006/030
- スプリントメイル→No.028
- プレートアーマー→No.030
- メンアットアームズ→No.044/059

## No.030

# プレートアーマーはイタリアから広まったのか

それまでも部分的に採り入れられていた板金製の防具だが、全ヨーロッパでプレートアーマーが流行したのは15〜16世紀だった。

### ●ヨーロッパ中に出回ったミラノ式プレート

　板金鎧の全盛期は15〜16世紀とされている。**チェーンメイル**の上に鉄板を被せた**プレートメイル**から、遅くとも16世紀にはリベット留めで関節が可動する全身防具セットである**プレートアーマー**の時代に移行した。

　チェーンメイルが防具の主流だった時代までは盾を持つのが普通だったが、全身板金鎧の実用化で戦闘は一変した。盾の代わりに両手で大振りな武器を持つことが多くなったのだ。いや、敵が重厚な全身鎧を着ているからこそ、かつてのような片手武器では力不足になったともいえる。こうして騎士らは長柄の武器(槍・斧・鎚)や大剣の使い手になった。

　イタリアが板金鎧の先進国で、最初にミラノの**ミサグリアー族**が分業による量産と輸出で有名になった。門外不出の技術を誇る彼ら**ミラノ式**の鎧は全体に丸みを帯び、籠手がミトン(二股手袋)型になっているのが特徴だった。プレートアーマーはオーダーメイドが基本で、貴族しか所有できない高級品だが、実用的な量産品(セットになっていない防具)もあった。

　製鉄技術も発展途上だったが、兵士向け量産品は不純物の多い鉄、貴族向けには選りすぐられた鋼を材料にして製作されていた。また量産鎧といえど、職人が付き添って個人に合うようパーツを調整するのが普通だった。

　15世紀初めごろにイタリアからプレートアーマーの製造技術が伝わったドイツでも鎧作りが盛んになった。この**ゴシック式**鎧は全体に武骨な印象を帯び、籠手はグローブ(五指手袋)型だった。

　その後、人気を奪われたイタリア勢による新型の**ルネサンス式**、英国にも**グリニッジ式**が生まれている。スペインもレコンキスタでイスラム勢力と激しく戦っていたため、鎧の製造技術は高かった。そんな中、フランスだけが取り残されがちだったというのは意外な話である。

## ミラノ式プレートの仕組み

### ミラノ式プレートアーマー

西洋全域に輸出され、板金鎧の基本形となった。

成形した板金を革バンドで固定、体型に合わせて調節。

籠手は旧時代の鎖帷子から進化した防具。数種の素材で構成。

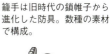
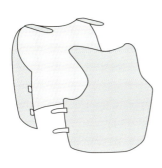
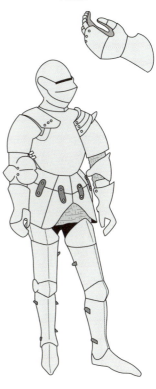

つま先は板金を連ねた構造で可動。

### 関連項目

- ●チェーンメイル→No.005/006/028
- ●プレートメイル→No.029
- ●ミサグリアー族→No.031
- ●プレートアーマー→No.031/032/034/037/038
- ●ゴシック式→No.031/032/033/039
- ●ミラノ式→No.031/036/040
- ●グリニッジ式→No.033
- ●ルネサンス式→No.033/045

No.030 第2章●ヨーロッパ

## No.031

# ゴシック式は革命的なプレートアーマーだったのか

ミラノ式に代わって台頭してきたのがドイツのゴシック式プレートである。堅牢かつ堅実な雰囲気で知られ、派生型も存在する。

### ●実はオランダが発祥地

**ゴシック式**の発祥は実はドイツではなくオランダだった。その当時、英国のバラ戦争(1455 – 1485年)特需を当て込んで、フランドルにイタリア出身の鎧職人たちが集まった。英国本土に乗り込めば英国の鎧職人と衝突するため、当時大都会だったフランドルに拠点を築いたという。

彼ら職工の中心にあったのはネグローニ家だった。ミラノの名門**ミサグリア一族**に対抗心を燃やしており、まずは英国に、次にドイツ地域に商品を売り込もうとしていた。販売戦略として、鎧のデザインをゲルマン人やノルマン人の好みに合うゴシック調にしたのだ。さらには革命的新技術「冷鍛」を用いた。それまでは赤く熱した鉄を成形していたが、焼きなますことで常温のまま叩いて伸ばし、加工できるようになった。叩くことで強度を増し、板金を薄くして鎧の軽量化に成功したのである。

その後、ドイツ地域においてもゴシック鎧の生産が盛んになるが、15世紀中期に「ハイゴシック式」と呼ばれる、より優れた**プレートアーマー**が送り出された。その出来があまりに素晴らしかったので、ゴシックの本場はドイツと認識されるようになった。手が込んだ造りで、とげとげしく重厚なイメージで仕上げられた逸品だ。各所に緻密なエングレーブ(彫刻)が入り、兜には**サレット**を採用しているのも特徴のひとつである。ただし、豪奢かつ高性能なハイゴシック式は高価すぎてあまり普及しなかった。

オーストリアには「鎧マニアの王様」として有名な**マクシミリアン1世**(1459 – 1519年)がいた。彼はプレートアーマーの開発に尽力しながらも、その時代が終わることを予見して「最後の騎士」を自称した人物であった。ハイゴシック式の大家、アウグスブルクのヘルムシュミート家をバックアップしていたのも彼である。

70

## ミラノ式とゴシック式——ヨーロッパの二大流行モデル

### ミラノ式鎧

・全体に丸みを帯びたデザイン。
・機能優先。
・籠手はミトン（二股手袋）型。
・どちらかというと旧式。

### ゴシック式鎧

・全体に尖ったデザイン。
・装飾や誇張が多い。
・籠手はグローブ（五指手袋）型。
・冷鍛を採用し軽量化に成功。

### ハイゴシック式鎧

ゴシック式プレートアーマーを有名にしたが、高価すぎてあまり売れなかった。

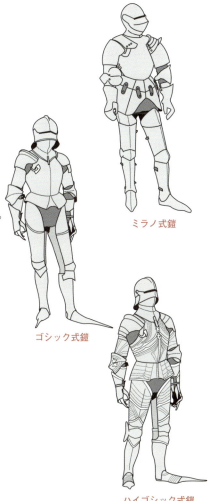

ミラノ式鎧

ゴシック式鎧

ハイゴシック式鎧

---

**関連項目**

- ●マクシミリアン1世→No.004/032/033
- ●ミサグリアー族→No.030
- ●ゴシック式→No.030/032/033/039
- ●プレートアーマー→No.030/032/034/037/038
- ●サレット→No.046/047/048/103

## No.032

# マクシミリアン式プレートアーマーはなぜ名高いのか

神聖ローマ皇帝マクシミリアン1世が後援するインスブルック工房で
は新型の鎧が作られた。それは実用性と美観を兼ね備えた逸品だった。

### ●ホタテ貝殻のような優雅な甲冑

　「鎧マニアの王様」こと、**マクシミリアン1世**は優れた職人を積極的に
後援し、新技術を試させるなどして板金鎧の完成度をより高めた功労者
だった。インスブルックの鎧鍛冶ゾイセンホーファー家もその庇護を受け
ていた。コンラート、ハンス、イェルクの3代にわたる一族は、研究の末
**フリュー**(溝)を採り入れた。

　鎧の胸・腕・脚などに複雑に波打つ美しい装飾溝や浮き彫りを入れると、
薄い板金でも強度が上がる。衝撃を受け流したり、銃弾に対しても避弾経
始効果が期待できた。ただし、稀に敵の剣の切っ先が引っかかるアクシデ
ントもあったらしい。

　皇帝の指導のもと製作された鎧はゴシックの中でも特別で「マクシミリ
アン式」と呼ばれる。または、レリーフやフリューで飾られていたために
「フリューテッドアーマー」という俗称もある。前時代の**コンポジットアー
マー**よりリベット接合部分が多く、重量は18〜25キロだった。

　技術革新めざましいドイツでは、15世紀後半に**ゴシック式**の進化型「軽
量化ゴシック」も登場した。首や関節の一部に**チェーンメイル**を使用する
が、腕や足首などの狙われやすい可動部位は数枚の鉄板で蛇腹のように
覆っていた。また左右の装甲厚は等しくなく、左面の防御が厚くなってい
た。ちなみにこれ以前の鎧も左側が厚めで形状も非対称だ。西洋鎧は左半
身が防御、右半身が攻撃を担っていた。

　軽量化ゴシックの左胸部は特に分厚く作られ、後世の鎧より強度は高
かった。肉厚な上に内側にスペースを設けることで衝撃に耐え、肋骨の損
傷を防ぐようになっていたのだ。結果として、胸部全体が膨らんだデザイ
ンになっている。

## フリュー入りの甲冑——マクシミリアン式

16世紀ごろからはリベットで各部を連結して可動する仕組みの甲冑が出回り始めた。可動範囲は意外と広い。

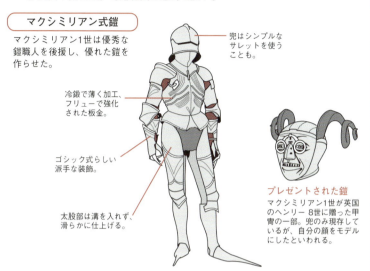

### マクシミリアン式鎧

マクシミリアン1世は優秀な鎧職人を後援し、優れた鎧を作らせた。

- 兜はシンプルなサレットを使うことも。
- 冷鍛で薄く加工、フリューで強化された板金。
- ゴシック式らしい派手な装飾。
- 太股部は溝を入れず、滑らかに仕上げる。

### プレゼントされた鎧

マクシミリアン1世が英国のヘンリー8世に贈った甲冑の一部。兜のみ現存しているが、自分の顔をモデルにしたといわれる。

### ✤ ガントレット

籠手はチェーンメイルの手袋から進化し、13〜17世紀まで用いられた。それ以前には盾があったので、籠手は一般的な装備ではなかった。革手袋の手首と手甲部に鉄板を取り付けたもので、指はスケイル状の金属板で守られている。

16世紀にプレートアーマーの部品となったころ、武器を握ったまま固定する細工が加えられた。いざという時に備え、あるいは装飾の一種として、指関節や手甲部にスパイクが追加されたモデルもある。

全身鎧が廃れた17世紀中ごろには、胴鎧を着た銃兵が左手にだけ大型ガントレットを装備するというスタイルが流行した。これを「ハークウィバスアーマー」といい、左手の籠手を盾のように用いた。

---

**関連項目**
- マクシミリアン1世→No.004/031/033
- チェーンメイル→No.005/006/028
- コンポジットアーマー→No.029
- ゴシック式→No.030/031/033/039
- フリュー→No.072

No.032　第2章●ヨーロッパ

## No.033

# ルネサンス式鎧はグリニッジ式鎧に影響を与えたのか

英国ではバラ戦争終結まで輸入鎧が幅を利かせていたが、その後はイタリアの職人を本国に呼んで優れた鎧を国産化し始めた。

### ●プレート国産化を目指したもうひとりの鎧マニア王

16世紀前後に**ルネサンス式**という鎧が起こっている。評判の**ゴシック式**の価格が高騰したところを狙って、廉価な鎧として売り出された。しかしイタリア職工の手によるものだけあって、鎧表面に「エッチング」を施した高級品も出回った。エッチングとは、薬品で金属を腐食させて複雑美麗な意匠を作るという、当時としては先進的かつ高度な技法だった。

鎧としての完成度も高く、平均重量は20キロほどだ。また軽量化ゴシックと同じく左半身を強化した鎧が出回った。左側だけに「ハウトピース」(冠板)の付いた「**ポールドロン**」(肩当)を装備したモデルが印象的である。脇腹まで延長された肩当には、敵の武器の切っ先を逸らす効果がある。

その後、英国でも新しい流行が生まれた。イングランド王**ヘンリー8世**(1491－1547年)はドイツの**マクシミリアン1世**と同じく鎧マニア、しかも騎乗槍試合が大好きだった人物として知られている。同好の士と知ったのかマクシミリアンが自慢の甲冑をプレゼントしたところ、ヘンリーは対抗意識を燃やし、グリニッジに工房を建て、そこで**グリニッジ式**鎧が製作されるようになった。

グリニッジ式の特徴は、盾の代わりとなる大きな**クーター**(肘当)が付いていることである。クーターに装飾スパイクが施されたモデルだとか、板金の先端を尖らせたり胸甲を2ピースにするなど、デザイン的に際立った装飾と誇張表現が行われた。

また、スズや真鍮で縁取ったり、金メッキをしたり、金属に青みを付けるなどの極まった装飾がなされたのは、華美なルネサンス式鎧の製法を学んだ職人が出入りしていたためだろう。

## ルネサンス式とグリニッジ式

### ルネサンス式鎧

ルネサンス期に出回った鎧。最初は廉価品として売り出されたが、結局は華麗な装飾の高級品となった。

**甲冑のエッチング**
薬品で表面を腐食させて複雑な装飾模様を形成する。

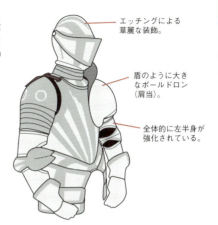

- エッチングによる華麗な装飾。
- 盾のように大きなポールドロン（肩当）。
- 全体的に左半身が強化されている。

### グリニッジ式鎧

ヘンリー8世のグリニッジ工房で製作された英国産の板金鎧。

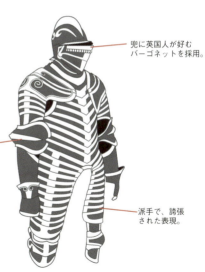

- 兜に英国人が好むバーゴネットを採用。
- 肘部に防護板を兼ねた装飾。
- 派手で、誇張された表現。

**関連項目**
- ●マクシミリアン1世→No.004/031/032
- ●グリニッジ式→No.030
- ●ゴシック式→No.030/031/033/039
- ●ルネサンス式→No.030/045
- ●ヘンリー8世→No.032
- ●ポールドロン→No.039
- ●クーター→No.039

## No.034

# フットコンバットアーマーは時代に対応した鎧だったのか

武器の火力が上がり、プレートアーマーも極限まで重装化されていった時代、誇り高い騎士も打たれ弱い馬から下りて戦うようになった。

### ●重厚な徒歩戦用鎧だが騎乗槍試合向けに転用可能

英国のグリニッジ工房などでは「フットコンバットアーマー」というものも作成された。もともと騎士向けというより従士向けの歩兵甲冑だが、性能的に劣るものではない。後には競技用の鎧の呼び名ともなった。いわば馬に乗らない騎士の鎧だが、騎乗用鎧としても使うことができた。

オーストリアのインスブルック工房においても、フットコンバットアーマーの進化型ともいえる**フィールドアーマー**が製作された。

下馬騎士や兵士向けのフィールドアーマーは「コンプリート・シュート・オブ・アーマー」（完璧な甲冑）などと讃えられ、**プレートアーマー**類の最終形態とされる。ただ、戦争が近代化し、それを着る者がすでに馬に乗った騎士ではなくなったというのが皮肉だ。

このタイプの鎧はより柔軟な鉄を材料としており、3〜5ミリもの厚さを誇っていた。これだけ分厚い装甲であれば、敵兵が繰り出す両手持ちの大型武器の衝撃を吸収できたし、当時の非力な銃の弾丸も跳ね返せる。問題は重量だった。徒歩で運用するには重すぎるということでしばしば軽量化が図られたが、それでも35キロに達し、結局は40キロ以上の重さになってしまった。

ところで15世紀半ばにはマスケット銃（火縄銃）が戦場に現れたが、その時代の弾丸は貫通力が低く、板金鎧で十分防ぐことができた。それで、続く16〜17世紀には、鎧が銃弾に耐えられるか試し撃ちしてから納品するのが当たり前になっていった。「銃器の発達でプレートアーマーが時代遅れになった」という話は大筋では正しい。ただし正確にいえば、マスケット銃の登場こそが鎧の強化や進化を促す刺激になっており、銃弾への対抗手段として有効なプレートアーマーは全盛期を迎えたのである。

## フットコンバットアーマーとフィールドアーマー

### フットコンバットアーマー

本来は騎士をサポートする徒歩
の従士向けの鎧だが高性能。

兜。英国製の鎧な
らバーゴネットを
採用。

装甲厚は3～5ミリ。

重装甲なので重い

コドピース。流行
していた股間の防
具および装飾品。

### フィールドアーマー

インスブルックなどオーストリ
アやドイツの工房で作られた。
完璧な甲冑と讃えられる。

各部位にフリュー
が入っており、軽
量なのに丈夫。

大型武器や銃弾な
どの攻撃に耐える。

より進化した、フル
プレートアーマー
の決定版。

### 関連項目
●プレートアーマー→No.030/031/032/037/038　　●フィールドアーマー→No.036

# No.035
# プレートアーマー以後の近代鎧とは

高い火力を誇る新型弓や銃器の登場で重厚なプレートアーマーは姿を消していったが、より機能的な鉄の鎧はまだしばらく使われた。

## ●実用性の高い軽量の鎧

　いくら防御力を高めた鎧でも、もはや飛び道具には敵わないことがわかった。しかし、白兵戦に備えた鎧はまだ需要があった。**ハーフアーマー**はそんな時代の産物で、16〜17世紀に中部ヨーロッパ地域の兵士向けに大量生産された。日本にも少数が「**南蛮胴具足**」として輸入された。

　上半身だけを覆う簡易鎧は軽量で扱いが楽ということもあり、**新大陸**征服に向かうスペインやポルトガルのコンキスタドールたちも愛用した。中南米など暑い地域への出征にはもってこいだっただろう。そして原住民側の武装が貧弱だったこともあり、想定以上の効果を上げた。

　地域や様式によって「コースリット」「コルサレット」とも呼ばれたが、ハーフアーマーは同時代に流行した**オープンヘルメット**や籠手とセットで着用するのが普通で、脚の防御は諦めている。華やかなドイツ傭兵ランクネヒト、教皇領バチカンを警備する勇敢なスイス傭兵などが装備した。

　17世紀の鎧と部位防具がセットになった「キュイラッソアーマー」はハーフアーマーの仲間で、脚より上を広範囲にカバーする高性能鎧だ。避弾経始構造――つまり銃弾対策が意識されており、表面は曲面や傾斜が多くなっていた。当時は火縄銃と槍で武装する近代重騎兵が活躍していたが、この鎧は銃撃をよく防いだ。さらなるバリエーション「カラビニエールアーマー」は銃を主武装とする軽騎兵向けの簡易耐弾鎧だった。

　時代はさらに進み、18世紀には進化型の「**キュイラス**」が登場している。銃やサーベルを装備した胸甲騎兵のための小さな鎧で、30年戦争時のスウェーデン兵、19世紀のナポレオン軍の兵士が装備していた。そしてこれが「戦史に登場した最後の鉄の鎧」だといわれている。以後の軍隊では鎧を装備しなくなった。

## 西洋近代のアーマーたち

### ハーフアーマー

16世紀以降に流行した「半甲冑」の総称でもある。日本に南蛮胴具足として輸入されたのはこの類。

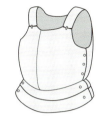

### キュイラッソアーマー

フルプレートアーマーの名残があり、兜や籠手がセットで作られることもある。胴鎧は太股までを防御する。

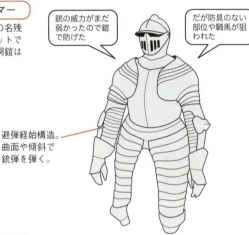

銃の威力がまだ弱かったので鎧で防げた

だが防具のない部位や騎馬が狙われた

避弾経始構造。曲面や傾斜で銃弾を弾く。

### キュイラス

18〜19世紀の最後の鉄鎧。胸甲と訳されるほど小型化。この時代になると頭と胴以外は防具を着けない。

ナポレオン時代の胸甲騎兵

### 関連項目

- ●オープンヘルメット→No.046
- ●ハーフアーマー→No.066
- ●南蛮胴具足→No.066
- ●キュイラス→No.066
- ●新大陸→No.098/099/100

## No.036

# 現代にまで残った甲冑は本物なのか

今でも博物館や骨董品店で中世の甲冑を見ることができる。だがそれらの真贋を見極めることは実は難しいとされている。

### ●専門家が見れば一目瞭然？

　ドイツ地方には鎧職人が甲冑をレンタルする制度があり、時代遅れの古い鎧を潰して新しいものを作っていた。そのため、当地では現存する**プレートアーマー**が少なめである。

　一方、イタリアなどほかの地域ではそんな習慣はなかったので、**ミラノ式**をはじめとする古い鎧は一定数残っている。しかし、史料として必ずしも信用できるわけではない。というのも、基本的に実戦で使われる鎧は損傷が激しく、完全な品が後世まで残ること自体が稀なのだ。

　オーダーメイドの鎧でもなければ、戦いで紛失・損傷した部品をほかから取ってくることもあったし、使えそうなパーツを寄せ集めて全身鎧を組むこともあっただろう。そのため、不自然に見える場合もある。

　貴族が特注したような美麗な芸術品は別として、戦場の生の空気を漂わせる鎧はなかなか見つからない。いろいろな時代、さまざまな地域の防具を寄せ集め、それらしくでっち上げられることも珍しくない。これはプレートアーマーが骨董品と化した17～19世紀の間によく行われてきた。適当に組み上げるだけでなく、同じ時代の正規の部品に見えるよう加工されることすらあった。

　プレートアーマーの流行期から衰退期にかけて、王侯貴族などの富裕層は用途別に3種の鎧を用意していた。ひとつが実戦で着用する**フィールドアーマー**、それに武術試合用のより重厚な**トーナメントアーマー**、そして式典で着るための美麗な「パレードアーマー」である。今日、博物館で見られるのはトーナメント用やパレード用のアーマーが多い。それら見栄えのする鎧は損傷することが少なかったし、保存状態もよく、後世に残す価値もあった。

80

## 富裕層の3種の鎧

西欧の王侯貴族は用途に合わせた3種のオーダーメイド鎧を所有していた。

### トーナメントアーマー

武術試合で着る鎧。特に重厚な防具。

### パレードアーマー

式典で着る鎧。甲冑は正装として扱われた。

### フィールドアーマー

戦場で着る鎧。実戦向けの甲冑。

トーナメントアーマー

> ジョウストは武人のたしなみじゃ

パレードアーマー

> 立派な鎧は権力と財力の象徴じゃ

フィールドアーマー

> 前線に出なくたって戦さなら防具が必要じゃ

## ❖ プレートアーマーの最期

最終的に貫通力の高いライフル銃が出回ると、プレートアーマーは完全に時代遅れな存在となり、戦場から姿を消した。以後はもっぱら儀礼用か武術試合用の装備となる。鎧は貴族の正装と見なされていたので、いっそう華美で非実用的な装飾がなされるようになった。

### 関連項目

- プレートアーマー→No.030
- ミラノ式→No.031
- フィールドアーマー→No.034
- トーナメントアーマー→No.048

## No.037
# プレートアーマーの短所とは

中世の王侯貴族は分厚く重い鎧を好んだ。水に落ちて溺死する王や転んで起きられずに殺される者が出ても重い甲冑を着続けたのだった。

### ●最大の難点は息苦しいこと

　西洋人ほど、重厚な板金鎧を愛した人種はいない。ほかの地域では実用性を鑑みた結果、**プレートアーマー**に類する重甲冑は発展せず、**ラメラー**や**チェーンメイル**が最善とされた。

　プレートアーマーの短所はたくさんある。まず、大がかりすぎてひとりでは着られない。次に重心が高くなりがちで、転んだり転ばされる危険があり、起き上がるのも一苦労だ。鎧を着たままで池や沼にはまれば危ない。事実、十字軍遠征を率いた神聖ローマ皇帝フリードリヒ1世（1123-1190年）などは腰の高さもない川に落ちて溺死したといわれる。

　しかし、一番の問題は鎧より兜にありそうだ。**フルフェイス兜**は視界が悪く、聴力も奪われる。そして息苦しいのが最大の障害となった。呼吸の阻害とこもる熱気である。身体の熱は頭から抜けていくものであり、兜を被っているだけで着用限界時間が短くなる。夏はもとより極寒の雪嵐の中での合戦でも、熱中症や脱水症状を起こしたり、呼吸困難の末に窒息死する者がいたという。

　おまけにメンテナンスと修理に、手間と時間とコストがかかるのも頭が痛い。オーダーメイドの鎧だったなら、なおさらだ。

　ちなみにフル装備時の重量は20～30キロとされるが、着てしまえばさほど苦ではないという。現代兵士の装備品の総重量は40キロにもなる。それと比べればだいぶましだと理解できるだろう。事実、可動域の広い甲冑であれば、体力自慢の騎士は横にとんぼ返りを打ったり馬の鞍に飛び乗ることもできたという。動かない状態なら快適なのだが、手足の防具が重いため、動き回ればすぐに疲れてしまうようだ。

## プレートアーマーは最強の防具に違いないが……

ひとりでは着られない。
従者などの手伝いが必要。

溺れる。重い鎧を着たまま
で川や沼にはまると死ぬ。

転倒しやすい。重心が上
なので転びやすく、起き
上がるのも大変。

修理やメンテ。手間と
時間と金がかかる。

息苦しい　暑い

最大の問題。熱がこもる
こと。全身の熱は頭から
抜けていく。

### 兜によってさまざまな弊害が！

・視界も悪い。
・聴覚も阻害。

着てしまえばそんなに重くないが、
動作によってすぐ疲労する。

見えザル　聞こえザル

---

**関連項目**

●チェーンメイル→No.005/006/028　　●プレートアーマー→No.030
●ラメラー→No.007　　　　　　　　●フルフェイス兜→No.044/045

No.037　第2章●ヨーロッパ

# No.038
# プレートアーマーの長所とは

防御力についてはいうまでもないが、工業レベルが高い場合、板金鎧の類は鎖帷子より量産しやすいという利点があった。

## ●それでもプレートアーマーが好き！

**プレートアーマー**は優れた防具だが、具体的な長所とは何だろうか。

防具に求められる3要素は防護・軽量・可動の3つで、それらの要素をどれだけ優先するかで防具の性格が決まってくる。中世初期から広まっていた**チェーンメイル**は可動を優先する防具だったが、代わって台頭したプレートアーマーは防護に重点が置かれている。

板金は斬撃を防ぎ、衝撃を拡散する。そして鎖帷子に比べれば、槍や矢といった刺突力を受け流す能力が高かった。槍や矢はもっとも殺傷力の高い攻撃手段なので、無敵とまではいかないまでも、それらが防げるのは素晴らしいことだった。

心理的な効果もある。着用者に自信や安心を与え、堅牢な鎧騎士を見た敵には威圧感や恐怖をもたらす。

このように着用者の防護が万全であれば攻撃手段は広がることになるし、敵側は攻撃手段が限定される。弱点を突くような方法を採らなければならない。その弱点とは——単純な話だが"防具で覆いきれない部分"だ。どんな強固な板金鎧であっても、人体の機能構造上、どうしてもそういった部分は存在する。兜のスリットや関節部(腋・肘内側・股間・掌・膝裏)である。懐に入り込んでナイフで刺すというのが定石だ。戦いの歴史の中では、鎧われた相手を攻撃するための特殊な武器も考案されてきた。

弱点を狙わない別な手段として、重い武器で力任せに打撃を加え、鎧を歪ませるのもいい。板金がひしゃげると可動部に障害が出て、着用者にもダメージがいくだろう。

## 何といっても防護力は抜群!

オールマイティな防御力。剣、鈍器、刺突武器、銃弾などすべての攻撃に耐える。

チェーンメイルだとここまでは耐えられないな

着用者の心理的余裕。敵の対抗手段を狭め、有利に戦いを進めることができる。

安心　自信

だから楽に敵を倒せる

限られた対抗手段。隙間を突くか、殴って歪ませるか……どちらも容易ではない。

### ❖ 黒鎧と白鎧

　鍛冶屋を英語で「ブラックスミス」と呼ぶのは、彼らが扱っていた鉄が黒かったからである。14世紀英国の王太子エドワード（1330-1376年）は黒い鎧を着ていたため「黒太子」と呼ばれた。
　技術がまだ未熟だった時代の鎧は黒く、日光を吸収して熱くなるのが問題だった。それが後のミラノ式鎧からは鎧表面を研磨し、光り輝く"白鎧"として仕上げるようになった。"黒鎧"より熱くならず、斬撃を逸らす効果も期待できた。百年戦争のカリスマだったジャンヌ・ダルクも白銀の鎧を着ていたと伝わっている。他方で、16世紀のドイツでは装飾を目立たせるために、熱を加えるなどして青黒く輝く鎧を製作した。

**関連項目**

- チェーンメイル→No.005/006/028
- プレートアーマー→No.030/039

## No.039

# プレートアーマーの各部位に名前はあったのか

馬に乗った重装の騎士は総重量1トン近くにもなり、戦場では時速20キロで突進していく。恐ろしい破壊力だが出撃準備は大変だった。

### ●10人ものサポーターが必要な騎士

**プレートアーマー**の騎士が活動するために、サポートの従者が10人ほど戦場に同行していたという。鎧と武器の運搬、着用の手伝い、さらに騎士はたびたび休憩しなければならなかったのでその間の護衛兵、装備の修理とメンテナンス、馬の世話にも人手が必要だった。

体力をできるだけ温存するため、全身鎧は合戦の直前に着ていた。

金属防具は肌を傷付けるので、肌着やダブレット（**布鎧**の類）、その上に**チェーンメイル**を着る。鎖帷子は関節部を守るために部分的に着用することもあった。鎖帷子をパッチワークした布鎧もある。

プレートアーマーは革ベルトなどで少しは調節できるが、体格に合わない場合、特に腕や脚の部位は不具合を起こす。それらは多くのパーツに分かれているが、まず脚部から、次に腰の防具を着け、胸と背の甲を合わせ、下腕から上腕、最後に籠手と肩当という風に、下から上へ順番に部品を装着していく。兜は息苦しくなるので、戦闘のぎりぎり直前まで被らなかった。

プレートアーマーを構成する部品にはすべて名前が付いている。頭部は好みの兜を被るとして、追加の防具にビーバー（顎当）、ゴージット（首当）などがある。腕部は上から、ポールドロン（肩当）、リアブレイス（上腕甲）、クーター（肘当）、バンブレイス（腕甲）、ガントレット（籠手）などから構成される。胴体のうち、胸部は前後パーツのブレストプレート（胸当）とバックプレート（背当）、そしてフォールド（腹当）にタセット（鉄スカート）などから成る。脚部は上から、キュイス（大腿甲）、ポレイン（膝当）、グリーブ（脛当）、サバトン（鉄靴）、**ゴシック式**鎧ではさらにシュナーベル（装飾爪先）を装着することもあった。

86

## 全身鎧の着用順番と部位ごとの名称

### 全身鎧の着用手順（例）

板金鎧の下には布鎧を着る。

従者の手を借りて下のパーツから装着していく。

胸部、次に腕部を着け、最後に籠手、肩甲を装着。

### プレートアーマー部位名称（例）

時代や形式によって、さらに追加装甲も加わる。

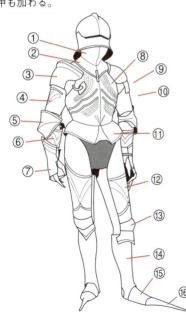

①ビーバー（顎当）
②ゴージット（首当）
③ポールドロン（肩当）
④リアブレイス（上腕甲）
⑤クーター（肘当）
⑥バンブレイス（腕甲）
⑦ガントレット（籠手）
⑧ブレストプレート（胸当）
⑨バックプレート（背当）
⑩フォールド（腹当）
⑪タセット（鉄スカート）
⑫キュイス（大腿甲）
⑬ポレイン（膝当）
⑭グリーブ（脛当）
⑮サバトン（鉄靴）
⑯シュナーベル（装飾爪先）

---

関連項目

● チェーンメイル→No.005/006/028
● 布鎧→No.027
● ゴシック式→No.030/031/032/033
● プレートアーマー→No.030/038

## No.040

# プレートアーマーの価格はどのくらい？

オーダーメイド鎧が現代なら何円くらいになるか明確にするなど無謀な試みだ。それでもいろいろなデータをもとにあえて算出してみた。

### ●その価格は数百万から一千万円以上？

　鎧はいったいどのくらいの価値があったのだろうか。1441年の英国の記録によれば、**ミラノ式**の**プレートアーマー**は8ポンド6シリング8ペンス、その従者の鎧は5～6ポンドだった。従者の鎧といってもそこそこ高級な装備であり、兵士向けの量産鎧はもっと安かったと思われる。

　1384年のフランスで、**バシネット**(兜)は2～3リーブル、鎧一式は25リーブル。そしてジャンヌ・ダルク(1412 – 1431年)のために急造されたイタリア製の鎧は100リーブルで、金貨百枚に相当したという。この時代、金貨1枚が12万円と換算できるので、ジャンヌの鎧は1200万円ということになる。ただし英雄のための特注品、しかも特別に急がせたので破格だ。その50年前の記録に出てきた板金鎧は25リーブルとされており、レートが同じなら300万円と考えられるのだが、いろいろ誤差を差し引いても高価な品物だったと理解はできる。個人向けの装備としては妥当な金額ではないだろうか。

　参考までに現代日本において、専門店で模造の新造鎧(具足)を買おうとすると30万～数百万円かかる。中世と現代では情勢が違うが、それだけの金額を出せる者が所有するにふさわしいアイテムだということだ。

　具体的な金額を出すのは難しいが、すべての防具に価値があったのは確かだ。たとえば**百年戦争**時、負傷したり逃げ遅れた将兵の多くは追いはぎに鎧を剥がされ、死にかけの半裸で捨て置かれた。

　また、騎士にとって鎧は特別な意味を持っている。重罪を犯すなどして身分を剥奪された騎士の鎧は、破壊され泥溜まりに投げ込まれたという。つまり騎士の鎧はそのまま名誉やプライドを表すものでもあった。だからこそ、デザインや装飾を気にする者が多かったという。

## オーダー品のプレートアーマーは数百万円？

#### 15世紀中期の英国

板金鎧の価格 ＝ **170万円** くらい。

ミラノ式プレートアーマーは8ポンド6シリング8ペンス

従者用なら6ポンドだよ

※1シリング＝1万円。20シリング＝1ポンドとしておおざっぱに計算。

#### 14世紀後半のフランス

バシネットの価格 ＝ **35万円** くらい。

3リーブル

同じく鎧ひと揃いの価格 ＝ **300万円** くらい。

25リーブル

※金貨1枚＝12万円＝1リーブルとしておおざっぱに計算。

#### 14世紀中期

ジャンヌ・ダルクの特注鎧 ＝ **1200万円** くらい。

ただしこの時代、まだミラノ式プレートアーマーは登場しておらず、白銀の板金鎧の存在は伝説の域を出ない。

### ♣ パーツごとの重量

　板金鎧のパーツごとの重さは、ゴシック式を例にすると以下のようになる（単位はキロ）。ヘルメットが2.1、喉当0.9、胴鎧5.2、背鎧2.4、左肩当1.4、右肩当1.0、左腕1.2、右腕1.1、左籠手0.5、右籠手0.5、左腿1.7、右腿1.6。
　つま先までの全身鎧ではなく、腿までを覆うタイプだが、だいたい合計20キロになる。さらに鎖帷子などを下に着るとなれば、実戦での荷重はもっと大きくなるだろう。

---

**関連項目**

- 百年戦争→No.029
- ミラノ式→No.030/031/036
- プレートアーマー→No.030/038/039
- バシネット→No.044/045/103

## No.041

# カイトシールドとタージは騎士に活用されたのか

中世の戦場でよく見られた盾にカイトシールドとタージがある。カイトは中型盾、タージは小型盾だが、騎士にも歩兵にもよく用いられた。

### ●出自は違えどともに他兵種に転用された2系統の盾

戦場を駆ける騎士は歩兵から脚を攻撃される。それで伝統的に使われてきた丸盾の下縁部が延長され、滴を逆さまにしたような「ノルマンシールド」が生まれた。縦50～100センチ、横幅30～40センチである。木板積層に鉄枠付きで革を張ることもあった。裏側の2本の革ベルトに腕を通して使うのも騎兵用丸盾と同じで、肩に掛けるベルトも付属していた。

**バイキング**や**十字軍**が使用したこの系統の盾が、西欧では主流になっていく。11～15世紀に流行した**カイトシールド**（洋凧盾）はその進化型で横幅が広い。戦場での個人判別のために、盾に家紋や紋章、シンボルを描くのも流行した。

騎乗者だけでなく歩兵も大型のカイトを使うようになり、盾で相手の視界を遮ったり体当たりする戦法も編み出された。

亜種の「ヒーターシールド」は小型のカイトで、鎧の防護力が上がると盾の重要度は下がっていった。

イタリアの「インブラッキアトゥーラ」（ショルダーストラップの意味）は楕円盾だが、カイトの仲間とされる。長さは120センチもあり、腕を伸ばしたところに垂直に取り付ける。その先端にはスパイクがあるが、刺突に使うのではなく用途は不明である。

**タージ**または「タージェ」「ターゲットシールド」は13世紀の弓兵向けの小型盾だ。鉄製だが30センチと小さく、身体の弱点だけを守る。基本は丸盾だったが、角を落とした四角形、視界を切り欠いた変形型も存在した。手で持たず肩や腕や背中に括ったり、軽装騎兵が両肩に付けて用いた。16世紀以降は騎士の**トーナメント**に登場するようになり、ランスに通して防盾としたり、左肩を完全に覆うほど大型のタージも見られた。

90

## カイトシールドとタージの歴史的な変化

### ノルマンシールド

丸盾から進化した騎兵用の逆滴型の盾。北欧や英国で古くから使われた。

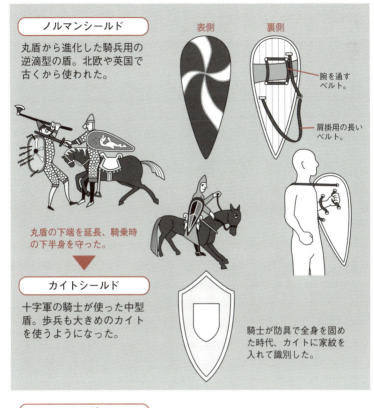

丸盾の下端を延長、騎乗時の下半身を守った。

### カイトシールド

十字軍の騎士が使った中型盾。歩兵も大きめのカイトを使うようになった。

騎士が防具で全身を固めた時代、カイトに家紋を入れて識別した。

### タージ

弓兵が急所を守るのに使った小さめの盾。後には軽騎兵が肩部に取り付けて防盾としたり、重騎士がランス用の防盾に加工した。

名称は英国の古ノース語のタルガ（盾）という単語が語源。

### 関連項目
- タージ→No.002
- カイトシールド→No.002/022
- バイキング023/024
- 十字軍→No.027/044
- トーナメント→No.048/049

## No.042
# パビスは鉄壁の大盾だったのか

ほかの盾と一線を画す置き盾がパビスである。バックラーは鎖帷子を貫通する細身剣への対抗手段であり、限られた局面で用いる盾だった。

### ●パビスは世界中で見られた置き盾の一種

14〜16世紀、矢や銃弾が激しく飛び交う戦場では、弓兵や銃兵用の巨大な盾「パビス」が用いられた。イタリアのパビアという町で発祥したためこの名があるが、**タワーシールド**と呼ばれる場合もある。フランスで戦ったイタリア人傭兵がよく用いていた。角を丸めた長方形が一般的で、高さは100〜150センチ。盾の後ろに隠れた場合に全身をカバーでき、かつ持ち運べる限界のサイズだった。ただし200センチの特大パビスもあった。

重量は重いもので8〜10キロにも達し、基本的に持って使うものではない。前線まで背負って運び、立てかけて陣地を設営し、盾の陰から射撃するのだ。クロスボウや銃を撃つのに便利なように、切り欠きを入れたモデルも見受けられる。支柱を地面に埋めて使うタイプのパビスもあった。

盾の表面は保護のため、羊皮紙・豚生皮・なめし革などで覆う。軽い木材で小さめに作った場合は4キロくらいで、表面を塗装するか素地のままで用いた。日本の戦国時代にもこれに似た大盾が使われていた。

ちなみに同じパビスという名で、同形の小型盾もあった。サイズは40〜60センチで、革や羊皮紙で作られることもある。用途は全く違い、相手の剣をわざと貫通させて動きを封じるための特殊な盾だった。

### ●対レイピア用のバックラー

13〜15世紀に英国で流行した「バックラー」は30センチまで小型化された丸盾で、四角形のものや表面に人面を象ったタイプも見受けられる。

レイピアなどの細身剣に対抗して生まれた盾で、相手を牽制するように手を伸ばし、攻撃を弾くように使う。中央に円錐トゲの付いた「チュッテニアンバックラー」はバックラーのより攻撃的な亜種だ。

## パビスとバックラー

### パビス

弓兵や銃兵向けの大盾。戦場で立てかけ、遮蔽物にする。

クロスボウや銃を使う場合に有効。

### バックラー

対レイピア戦専用の盾。主にプレートアーマーの普及前と廃れた後の時代に使われた。鎖帷子はレイピアで貫通できる。

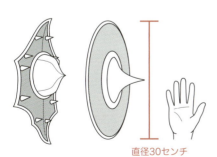

直径30センチ

直径30センチと極小で、扱いは難しい。

腕をいっぱいに伸ばして相手を牽制する。

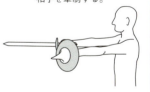

籠手に近い役割を果たす。

**関連項目**

タワーシールド→No.090/091/099

## No.043

# 西洋にはどんな風変わりな盾があったのか

攻防一体の盾は世界のほかの地域にも存在するが、丸盾に灯りを組み込んだり、さらに武器まで盛り込んだ盾、また決闘用の盾も珍しい。

### ●積極的に攻撃できる盾

ルネサンス期（16〜17世紀）にイタリアを中心に流行った「ランタンシールド」は「ロッテラ」「ラテルンシールド」と呼ばれることもある。市民が夜警をするため、ランタンとのぞき穴を備え付けた丸盾だ。灯りを備えた盾を片手でかざし、もう片方にも武器を持ったのかもしれない。

ほかに籠手・スパイク・鉄串・収納式のダガーなどが付属したモデルもある。金属か木材で作られ、直径50〜60センチ、重量2キロほどだ。

武器内蔵の丸盾に「ガンシールド」というのもあった。中央に単発の銃機構が仕込まれている。裏側には金網を張ったのぞき穴と引き金、予備弾用ポケットなどがある。英国王**ヘンリー8世**を護衛するために使われた。

「デュエリングシールド」「スパイクシールド」「長盾」などと呼ばれる盾は決闘時にだけ使われた。縦150センチほどもある楕円の本体両端はフックやスパイクになっており、裏側に長い棒が取り付けてある。フックは相手の首を引っかけるため、スパイクは刺すためのものだ。両手で棒部分を持ち、振り回したりぶつけるようにして使う。

ドイツなど中欧の法制度の中に、当事者同士の戦いで決着を付ける決闘裁判というのがあり、裁判のたびに製作された（宗教的な意味があったと思われる）。一回しか使わないので全木製の簡素な造りである。

ハンガリーの盾の中にも攻防一体となったものがある。サーフボード形かそれを半分に切ったような形で、ベルトに腕を固定して使う。盾先端の尖った部分で攻撃できるようになっている。表面にスパイクが付いたモデルや、出し入れできる剣が仕込まれたものもあったという。ハンガリー軽騎兵が用いた鋭角のある四角盾（いわゆるハンガリアンシールド）と類似点があり、その一種とも思われるが詳細は不明である。

# ランタン盾／銃盾／決闘盾／刺突盾

### ランタンシールド

ランタン付きの盾から発展。凶器を内蔵した盾。

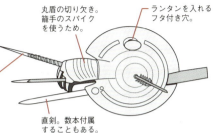

- 丸盾の切り欠き。籠手のスパイクを使うため。
- ランタンを入れるフタ付き穴。
- 固定された籠手。拳にスパイクがある。
- 直剣。数本付属することもある。

### ガンシールド

銃が仕込まれた丸盾。

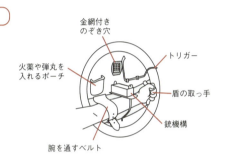

- 金網付きのぞき穴
- トリガー
- 火薬や弾丸を入れるポーチ
- 盾の取っ手
- 銃機構
- 腕を通すベルト

### デュエリングシールド

決闘裁判のためだけに作られるドイツの盾。

裏側の長い棒を両手で持って振り回す。

- スパイクで相手を突き刺す。
- フックで相手の首を刈る。

似た形状で「ソードシールド」という15世紀に騎士の武術試合で使われた大盾もあった。

先端が尖ったハンガリーの盾。腕を守りながら攻撃を繰り出すことが可能。

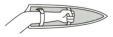

**関連項目**

●ヘンリー8世→No.033

第2章●ヨーロッパ

No.043

## No.044

# バレルヘルムはフルフェイス兜の代表だったのか

ヘルムは古ゲルマン語の「覆う物」「隠す物」を語源とする兜の類で、長らく騎士に愛用された。フランスではオームと呼ばれる。

### ●バレルヘルムからバシネットへ

11～13世紀に流行した「バレルヘルム」は**十字軍**などで用いられた無骨な印象の兜である。5～6枚の鉄板を貼り合わせて鋲で留めたもので、頭頂が平らなバケツ型になる。こうした初期型では衝撃を吸収しきれなかったが、後の砲弾型では防護力が向上した。のぞき穴は横一線の溝で十字型の補強兼飾りが付き、口部分に呼吸のための穴がある。個人識別のため、額や頭頂に鳥や獣の装飾、家紋の意匠などが取り付けられた。兜の下に**コイフ**（頭巾）を着用し、平時は馬の鞍に吊り下げていた。

14世紀になると、復刻版「グレートヘルム」が騎乗槍試合や**メンアットアームズ**（下馬騎士）によって使用された。この時代のヘルムは曲線が多くて頭頂が尖っているため、「シュガーローフ」（砂糖の山）と呼ばれた。

7キロもの重量がある「フロッグマウスドヘルム」は15世紀の騎乗槍試合で使われたヘルムの亜種で、正面はのっぺらぼうになっており、上方の溝から上目遣いで外をのぞく。視界は悪いが、顔面を守るための措置だった。フランスには剣道で使う面に似た、視界を確保した試合用兜もあった。

これらヘルム系兜はどれも**バイザー**のない密閉型のため、視界が悪く呼吸も苦しい。強固そうだが意外と隙間があって脆弱だった。

**バシネット**はヘルムから進化した兜で、13～15世紀の英仏独で用いられた。フランス語の「バシン」（水鉢）が語源で、最初は鉢形兜で顔の一部が露出していたが、歪んだ砲弾型が主流である。バイザーがキツネの鼻先のように尖った形状で、跳ね上げ可能な構造になっている。

この尖ったバイザーを指して、英国では「ハウンドスカル」「ピッグフェイス」などの俗称が付いた。ドイツでは「ベッケンハウベ」「フントスクーゲル」（犬の頭巾）などと呼ばれる。

## ヘルムのバリエーションと革新的なバシネット

### バレルヘルム

視野が狭い上に息苦しく、実戦向きではない。

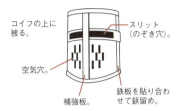

- コイフの上に被る。
- スリット（のぞき穴）。
- 空気穴。
- 補強板。
- 鉄板を貼り合わせて鋲留め。

### グレートヘルム

時代が下ると試合用の兜になった。

### フロッグマウスドヘルム

「カエルの口」とあだ名される、騎乗槍試合向けの重厚なヘルム。空気穴兼用ののぞき穴から上目遣いで視界を確保。重量7キロ。

視線

### バシネット

顔を覆う尖ったバイザーが特徴。ほかに仮面型や支柱型、柵型もあった。

バイザーを開けた状態。この仕草が敬礼のルーツとなった。

---

### ❖ 敬礼のルーツ

西洋で初めてバイザーの跳ね上げが可能になった兜がバシネットである。武器を持たない右手でバイザーを跳ね上げて顔を相手に見せる仕草が騎士の挨拶＝軍隊の敬礼のルーツになった。

---

**関連項目**
- 十字軍→No.027/041
- メンアットアームズ→No.029/059
- バシネット→No.040/045/103
- バイザー→No.045
- コイフ→No.046/097

## No.045

# アーメットは騎士用ヘルメットの集大成だったのか

鉄のバケツを被るだけだった初期の兜が、全身鎧が用いられた時代にはパーツ組立式の、バイザーも開閉できる高度な兜に進化した。

### ●バシネット以降のフルフェイス兜の系譜

「ビコケット」はキツネ顔の**バシネット**の改良版で、仏語では「ビコッケ」と呼ぶ。要塞または小要塞という意味で、高級な兜と見なされていた。これは鼻先が丸く、首までを完全に覆うようになっている。

バシネットの後に現れ、15〜16世紀、つまり初期から中期の**ルネサンス式**鎧によく採用されたのが「アーメット」である。

フランスでは「アルメ」、ドイツでは「アルメット」、イタリアでは「エルメット」（小型兜）と呼ばれたが、イタリアでの呼称が語源となっている。ちなみにアーメットは英国ではなぜか人気がなかった。**プレートアーマー**に用いられた兜であり、一見は**フルフェイス兜**の仲間のようだが、ハーフヘルメットに分類される。実の所は、鉢＋左右の頬当＋可動**バイザー**などの部品で構成されていた。滑らかな曲面構成、あるいは尖った形状のバイザーは蝶番で開く造りになっている。それで「スズメのクチバシ」という俗称があった。

この兜は構造が複雑なため、重量は3.5キロに達する。鎧の首部と接続できるようになっており、それまでの兜よりも脊髄への負担を減らすようにできていた。ただし、装着には手間がかかる。

頭頂から後頭部にかけて一本筋の鶏冠が付いていることも多いが、装飾というより頭頂部の強度を上げるための措置だった。

「クローズドヘルメット」はプレートアーマー用フルフェイス兜の最終形態であり、15〜17世紀に英や独で流行した。アーメットに似ているが、頬当の左右は一体化され、首部分も延長されている。バイザー部は尖った形状・蛇腹加工・曲面構成など数種あった。後頭部に鶏冠があるが、バイザーの重量で首が下がるのを防ぐためのバランサーだった。

## フルプレートの兜に採用されたモデル

### ビコケット

バシネットの一種とされる。アーメットに似たパーツ構成をしている。

### アーメット

鉢にパーツが付いてフルフェイス兜様になる。

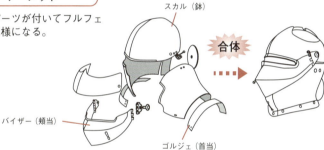

スカル（鉢）
バイザー（頬当）
ゴルジェ（首当）
合体

### クローズドヘルメット

この時代の兜は全身鎧と一緒に着るのが前提で、オーダーメイドが多い。

首がイタイ…

前方に重心がかかるのを後頭部の鶏冠でバランスを取る。

**関連項目**

- ●ルネサンス式→No.030/033
- ●プレートアーマー→No.030/038/039
- ●フルフェイス兜→No.037/044
- ●バシネット→No.040/044/103
- ●バイザー→No.044

## No.046

# 西洋のオープンヘルメットにはどんなものがあったのか

騎士の兜はフルフェイスだが、歩兵や弓兵は顔の下半分が開いたオープンヘルメットを使っていた。廉価版とはいえ、工夫はしてあった。

### ●完成の域に達した中世オープンヘルメット

歩兵は古くはコイフ（頭用の鎖帷子）などを用いていたが、15～16世紀のイタリアやドイツでは**サレット**兜が普及した。鼻から上を覆う深い椀型の兜で、横一線の溝で視界を確保した。上等な品だと跳ね上げ可能な**バイザー**が付いていたり、別パーツのビーバー（顎当）を追加することもある。サレットは総じて兜の後頭部が延長されたデザインになっているが、甲片を40センチも継ぎ足して後頭部をガードしている場合もある。後ろからの攻撃に備えてのことだが、西洋剣術には正対しつつ背中や後頭部を狙う技もあるので油断できなかった。

「バーゴネット」はフランスのブルゴーニュ地方で誕生した兜で、呼称はそれにちなんでいる。英国で人気を博し、グリニッジ工房の名物ともなった。サレットから発展した、16～17世紀の英仏における軽兜である。初期のモデルは騎兵向けであり、顔部分がマスクで覆われていた。後には折りたたみ式や格子状の面が付き、最終的には顔をさらすオープンヘルメットになった。顎まで出す現代のジェットヘルメットと同じ形状だ。

本来は兵士や傭兵向けだが、騎士や貴族にもよく利用された。実戦で視界を広く確保するのは重要だし、何より騎馬戦から徒歩戦への転換期で軽装がよしとされた時代だったのだ。

**ロブスターテイルポット**は「キャブリーヌ」「チェシケ」などとも呼ばれる。16～17世紀の英独で人気があった。サレットと14世紀に中東から西欧に広まった兜の**シシャーク**が融合して誕生したものとされる。頭頂部は丸く、側面は蝶番の頬当付き、そしてロブスターの尾のように後頭部が延長されて金属板が連なっている。また顔の前にはV字と横棒の鉄格子ガードが付くこともあった。

100

## サレット／バーゴネット／ロブスターテイルポット

> サレット

ヨーロッパで広く使われ、バリエーションが多い。頭の上半分を守る簡素にして十分な兜。

> バーゴネット

最初はフルフェイス型だったものが、面を取ってオープンヘルメットとして使うようになった騎兵兜。

> ロブスターテイルポット

正式名称はジスチャージだが、俗称の方が有名になってしまった。砲弾型の鉢に頬当と後頭部の甲片がついた構造で、中東のシシャークに類似する。

### 関連項目
- サレット→No.041/047/048/103
- バイザー→No.044/045
- ロブスターテイルポット→No.097
- シシャーク→No.097

## No.047

# 西洋兵士の装備は鉄兜から鉄帽子へ変わっていったのか

時代が進むにつれ、兵士の兜は軽量化され続け、その有用性が認められた。ルネサンス期には古代の武器防具の見直しと復刻も行われた。

### ●シンプルにして軽量な鉄帽子

「バルブータ」または「バルバット」（イタリア語で髭の意）は砲弾型の兜で、目鼻に当たる部分にYかT字型の切り欠きがある。古代ギリシャ兜の**コリュス**によく似ているが、実は14〜15世紀イタリアのルネサンス運動の中で生まれた復刻品だった。英仏独でも使われ、構造が単純なので多くの兵士が用いた。縁は板金で補強され鋲打ちしてあり、また革の内張りもあった。さらに、より廉価なイタリア兜に「チェラータ」（包み隠すの意）がある。これは現代のヘルメットに似ているが、裾部分が長い。

「ケトルハット」と呼ばれる類の鉄帽子は、12〜17世紀もの長きにわたって西欧全域で用いられた。**サレット**に似ているモデルもあって間違いやすい。元来は歩兵や弓兵向けだが、17世紀には騎兵も使った。ドイツの兜は鉢が深くて目までを覆い、溝付きだった。イタリアのものは鉢が平らだが、スペインでは尖っていて水滴のような形状だ。フランスの亜種「シャペルドフェール」は鉢が独特の形状をしている。さらには、現代でも探検家が被る「ハット」も実はケトルハットの仲間で、本来は金属製である。

16〜17世紀の**モリオン**は鉄の帽子で、ヨーロッパ各地でデザインの差異があった。イタリアでは「モリオーネ」と呼ばれ、ツバが上向きに反り返った独特の形状をしている。これだと視界を確保しやすく、銃を撃つのに適していた。このタイプの鶏冠は最大で15センチほどである。スペインでは**キャバセット**と呼ばれる。鉢は砲弾型でツバはシンプルで小さい。頂の突起が向いている方が後ろである。「モリオンカバセ」は折衷型で、ツバが餃子形で鉢は砲弾状、そして鶏冠はない。

17世紀にはこのような兜が流行した。以後、鎧は着なくなっても鉄帽だけは、現代に至るまで使われ続けていく。

102

## バルブータ／ケトルハット／モリオン

### バルブータ

ギリシャ兜の復刻版。各部の補強など多少の改良はされている。

### ケトルハット

各地で長く使われた鉄帽子で形状はさまざま。サレットに似たモデルもあるがケトルは後頭部の延長がない。

### シャペルドフェール

フランス製のケトルの一種。

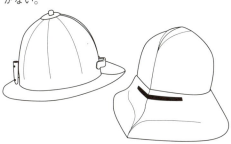

### モリオン

南欧で好まれた縦長ツバの鉄帽子。銃を撃つのに適した独特の形状である。

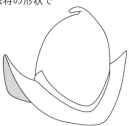
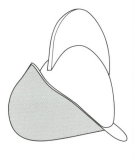

### 関連項目

- コリュス→No.012
- サレット→No.041/046/048/103
- モリオン→No.066
- キャバセット→No.076

**No.048**

# トーナメント用の鎧が存在したのか

西欧の武術試合は決闘裁判をルーツとして1066年にフランスで初開催された。これがゲームとなり、ルールが整備されて各国に広まった。

## ●武術試合用の重厚な板金鎧

ヨーロッパ各国では13〜16世紀の間、鎧を着込んでの武術試合「**トーナメント**」が盛んに行われた。王侯貴族はもとより民衆をも熱狂させたので、教会が嫌がって禁止令を出させたこともある。女性の見物人も多く、トーナメントは騎士道精神を育む場にもなったといわれる。実戦に備えての訓練や演習という名目で開催されることがほとんどだが、時には決闘や揉め事の解決にも使われた（その場合、負けた者は処刑される）。

個人戦やチーム戦など種目はいくつかあるが、もっともメジャーなのが一対一でランスを用いる騎乗槍試合だろう。英語では「ジャウスティング」「ジョウスト」（サシでの勝負）というが、13世紀にはすでに「槍で戦うというより正面からぶつかって勝負を決める」様式になっていた。

試合で使うランスは柄が折れやすく細工されており、甲冑も激しい衝撃を受け止められるよう強化した装備「トーナメントアーマー」だった。だいたい重量30〜40キロもあって歩けないほどだが、実戦ではないので馬に乗れさえすれば問題ない。

衝突時のショックが大きいので骨を保護するために首部と鎧を固定するネックガード（左胸の増加装甲兼用）を用いたり、兜も分厚くて視界が非常に悪い。古くは**グレートヘルム**、後には**サレット**が採用された。

鎧は実戦用のものより重厚だが、ルールによって左胸側を攻撃することになっているので、左面がより重く分厚くなっている。また右胸下あたりにはランスを乗せる支えが付いていた。

14世紀には徒歩での決闘も行われるようになったが、騎乗槍試合の人気は根強く、17世紀になってジョウストは「カラセル」という馬術大会に変化していった。

104

## トーナメントアーマーと騎乗槍試合用ランス

> トーナメントアーマー

競技にはゴシック式鎧がよく採用された。

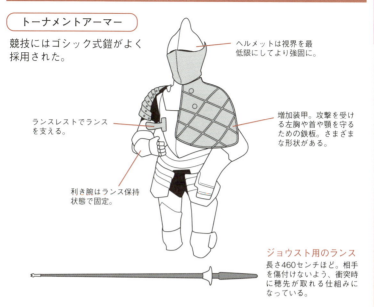

- ヘルメットは視界を最低限にしてより強固に。
- 増加装甲。攻撃を受ける左胸や首や頭を守るための鉄板。さまざまな形状がある。
- ランスレストでランスを支える。
- 利き腕はランス保持状態で固定。

### ジョウスト用のランス
長さ460センチほど。相手を傷付けないよう、衝突時に穂先が取れる仕組みになっている。

## ❖ 集団での武術試合

一騎討ちばかりでなく集団同士の模擬戦も11世紀から行われている。「トーニー」または「メレ」などと呼ばれ、騎士だけでなく歩兵も入れて競技することがあった。一定時間内で勝敗を競い、負けたチームは武器防具や馬を奪われるルールで、勝てばひと財産稼ぐことができた。

しかし集団戦は実戦さながらの戦いになり、あまりに危険なため、13世紀には切っ先を潰した剣や棍棒を用いたりするようになった。そのほか、腰から下への攻撃や、押しや引っ張り行為の禁止、兜が脱げた者は被るまで攻撃されない、鎧や馬を失った者は脱落するなど、細則が決められることもある。

変わったところでは、14世紀にボートによる水上決闘も行われた。一艘に騎士1名と漕ぎ手数名が乗り込んで戦いに臨む。

---

関連項目
- サレット→No.041/046/047/103
- トーナメント→No.041/049
- グレートヘルム→No.044

## No.049
# 馬や象にも鎧が着せられたのか

西欧では5世紀、西ゴートで馬用のスケイルが採用された。世界的に見ると、実戦で動物に鎧を着せる習慣はアジア地域で盛んだった。

### ●重装甲の騎士を乗せるなら……

歴史上に騎士が登場するのは8世紀になってからだが、西ゴート王国で馬に鎧を着せた騎兵がそのルーツといえそうだ。ただ、西欧では馬具の採用が遅れたこともあって、**重装騎兵**隊による戦術は確立されなかった。戦場でなくむしろ**トーナメント**の中で、重厚な騎士鎧や馬用鎧が発達していった。西欧では**馬鎧**を「バード」「バーディング」と呼ぶが、主に武術試合中のケガから馬を守るためで、競技向けの性格が強い。

騎士らが重い鎧を着たので、現実の馬鎧は革製が主流、戦場では馬面だけで済ませることも少なくなかったという。胴にチェーンメイルを被せたり板金バードも出回ったが、あまりに重そうな装備はパレード用だった可能性もある。一角獣を模して角飾りを付けた馬面などは印象深い。

15〜16世紀の板金製バードの総重量は30キロほどで、馬面「シャンフラン」、首鎧「クリネット」、胸当「ペイトラル」、尻当「クラッパ」、腹当「フランカド」の5ピースで構成されていた。ドイツ製の高級なものは当時流行の**フリュー**(溝)入りで美麗である。

重装騎兵はアジアでも用いられており、特にモンゴルが有名だった。そのモンゴルに敵対したインドの国家などでは、馬に加え象を戦力として投入していた。馬より先に象を戦闘用に訓練していたという説さえある。怒った象は敵軍にとって恐怖の対象だったが、生物兵器としてはコントロールが難しかったという。

17世紀の**ムガル帝国**の戦象には鎧が用いられた。象は硬い皮膚を持っているが、さらに布や金属の防具を着せたのである。ラメラー型のもの、チェーンメイルとプレートの複合型などいくつかある。これにさらに、数名の弓兵が乗る櫓や重い火砲を載せて移動砲台とすることもあった。

## 西欧の馬鎧とインドの象鎧

### 西ゴートの重装騎馬

スケイルを被せて馬面を着けている。

### 板金製バード

馬鎧には革製や板金製などがあった。

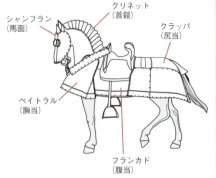

- シャンフラン（馬面）
- クリネット（首鎧）
- クラッパ（尻当）
- ペイトラル（胸当）
- フランカド（腹当）

### ムガル帝国の象鎧

布に金属板を縫い込んでラメラー状にした鎧を着けている。馬にも同じような仕様の鎧を着せていた。

### 戦象の櫓

弓兵や指揮官、あるいは重い火砲を載せた櫓を背に括り付けることがあった。

### 関連項目

- ●重装騎兵→No.016/086/089/090/092/096
- ●フリュー→No.032
- ●トーナメント→No.041/048
- ●馬鎧→No.086/092
- ●ムガル帝国→No.095/096

# 洒落者傭兵ランツクネヒトとスラッシュ・ファッション

　15世紀後半から16世紀にかけて、神聖ローマ皇帝マクシミリアン1世（本書内でも随所に登場する甲冑マニアの王様）の招集に応じて戦ったのが、ランツクネヒトと呼ばれるドイツ人傭兵たちだった。勇猛を持って知られるスイス傭兵がその源流だという。

　ランツクネヒトは縞模様や原色の組み合わせといった派手な服装を好んだ。ダチョウの羽根の装飾をあしらったコカールという帽子を被り、左右で違う長靴下を穿いたりした。彼らはそうした珍妙な格好をすることで、仲間同士の連帯感を強めたという。ほかでは見られない独特のファッションには、軍隊の制服のような意味合いさえあった。

　衣服の袖部分には、特に趣向が凝らされている。服地に切り込みを入れ下の布地を見せるのだが、このスラッシュという装飾技法は当時の厳格な風潮からいって人々の顰蹙を買ったものだ。しかし、マクシミリアン皇帝は「戦場で命を賭ける傭兵たちにとっては数少ない楽しみである」として、特別に許しを与えた。

　当初、スラッシュは世人に嫌われたものの、ランツクネヒトがドイツに帰国すると人々の間で空前のブームとなった。

　この流行が16世紀中にはヨーロッパ全体に広まり、スラッシュは王侯貴族にまで愛好されたのである。服地を多く使う金のかかる高度な装飾でデザインも目を引くので、富裕層にもてはやされたのは理解できる。さらには、バフ・アンド・スラッシュと呼ばれるスラッシュに似せた装飾を入れた鎧も作られた。

　ちなみにコドピースまたはブラケット（ドイツではラッツ）と呼ばれる半球状の金的カップも、ランツクネヒトが活躍した時代の防具だ。股間を強調するようにことさら大きく作ってあった。戦いでも使われたが、貴族たちが身に着ける装飾品にもなった。

　さて、スラッシュの始まりについてはこんな説がある。

　傭兵には正規軍のような国の後ろ盾がなく何の補償もない。戦傷に対する報償もない。真面目に戦うばかりでは消耗する。それで彼らは勝ち戦なら当然のように略奪を行い、不利と見ればすぐに逃げた。実際、ケガを恐れるなら戦うより逃げることの方が多かっただろう。逃げてばかりでは指揮官の不興を買うので、自ら衣服を破ることで激しく戦ったふりをした。これがスラッシュの始まりであっただろう。戦場で破いた服が、いつしか最初から切れ込みを入れた服になったというわけである。

　ランツクネヒトが派手な服を着たのは、徴兵官の目を引くためでもあった。傭兵の採用は競争率が高く、活きのいい目立つ者が優先して採用されたのだ。

108

# 第3章
# 日本

# No.050

# 短甲は古代日本を代表する鎧だったのか

日本では弥生時代（3世紀以前）から胴鎧を用いたと推測される。もちろん戦いのための装備だが、祭礼で用いる場合も少なくなかった。

## ●日本最古の鎧の一形態

国内で出土する中でもっとも古いとされるのは**短甲**（たんこう）というタイプの胸甲だ。古語でミヂカヨロヒと呼ばれていたが、多くは木製か革製、珍しいところでは魚の皮を素材に使っていたと思われる。

短甲は木片や牛革を紐や鋲で繋いだもので、コルセットのような形状をしていた。身体を挟み込むように着込んでから、正面胸元で閉じる仕組みになっている。後世には、着用しやすいよう左側か右側が蝶番で開くようになっているモデルも登場する。胸と腹を守るための防具だ。

日本の短甲は古代中国の革甲、東南アジア地域で見られるような（ツタを編んで作る）**藤甲**や魚の皮を用いた革甲などと造りが似ている。よって、南か西から伝わった鎧かもしれない。

3〜4世紀、古墳時代の出土品として鉄製の短甲が見られるようになる。数はわずかだが、支配階級向けのものとして銅に金メッキを施した短甲もあった。この時代の短甲には馬革の裏地が付けられていたようだ。また胸甲だけでなく、スカートのように長い円錐状の**草摺**（くさずり）が追加された。

ちなみに鉄はまだ貴重な時代だったので、すべての短甲が革から鉄に移行したわけではない。腐食せずに出土した金属鎧はすべて高級品で、依然として革製が主流だったらしい。古墳から見つかる兵士の**埴輪**（はにわ）の中にも短甲を着ているものがあり、それは革製だったとされる。

短甲は以後、5〜6世紀には次第に衰退していく。戦争が騎馬戦主体に移行したため、より使いやすい**挂甲**（けいこう）が重宝されるようになったのだ。

なお、短甲は後に登場する**当世具足**（とうせいぐそく）の一種である板物甲の先祖に位置づけられることがある。

110

## 短甲──板を繋ぎ合わせた原始的な胴鎧

### 短甲

胴体を挟んで着用する胸甲。中国や東南アジアの古代鎧と同様の形状。古代ギリシャの胸鎧トーラークスをも彷彿とさせる。

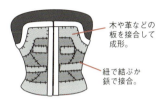

木や革などの板を接合して成形。

紐で結ぶか鋲で接合。

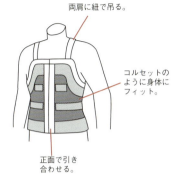

両肩に紐で吊る。

コルセットのように身体にフィット。

正面で引き合わせる。

### 祭祀用の短甲

弥生時代から存在するが戦闘用ではない。木製で表面に文様が刻まれている。

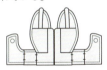

### 鉄の短甲

古墳時代になると鉄製短甲が多くなり、腰を守る草摺が付属するようになった。その後に馬が普及すると挂甲への切り替えが進んだ。

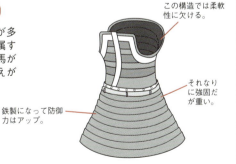

この構造では柔軟性に欠ける。

それなりに強固だが重い。

鉄製になって防御力はアップ。

---

**関連項目**

- 短甲→No.051/052
- 挂甲→No.051/052
- 当世具足→No.064/065/073
- 藤甲→No.082/088

## No.051

# 日本の挂甲は世界のスタンダード鎧だったのか

古墳時代の真っ只中、5世紀の中ごろに挂甲という鎧が登場する。原始的ではあるが、日本鎧のルーツとなる重要な防具だった。

### ●古墳時代から平安時代まで用いられた高級甲冑

挂甲（けいこう）は**ラメラー**の一種で、日本風にいえば小札甲（こざねこう）＝その後に登場するすべての甲冑の祖に当たる。板や札（さね）などの小片を多数綴（つづ）って完成するラメラーは、古くからアジア、インド、オリエントなどヨーロッパ以外のほぼ全世界でもっとも普及した鎧で、甲冑の最適解だと思われる。日本の鎧もその仲間だった。大陸北方の遊牧民族は挂甲に類似したラメラーを古くから用いており、渡来人（とらいじん）などが持ち込んだ鎧から挂甲が生まれたのではないかといわれている。それまで日本にあった**短甲**より柔軟で、騎兵の鎧に適していた。逆に考古学者は「挂甲が出土する遺跡には、まだ全国に普及していなかった馬がおり、渡来人が関係していた」と推測することがある。

使われる小札は「挂甲札」といい、名刺を縦半分に切ったくらいの大きさで厚さは5ミリほど。まだ形は不揃いだった。これに綴るための穴が10カ所ほど空けられている。材質は金属や革や木だが、群馬県の金井 東 裏（かない ひがしうら）遺跡（6世紀）から出土した小札は珍しく鹿角（ろっかく）製だった。

挂甲は胸腹部や草摺からなる本体や肩甲から構成される。後期のものは胴に300枚以上、草摺に350枚以上の小札が費やされ、ひとつの鎧（一領）の製作に120日かかった。形式は、胴体をぐるりと巻いて正面胸元で閉じる「胴丸式挂甲」と「裲襠式挂甲（うちかけ）」の2タイプがあった。胴丸式は後に胴丸に進化する。裲襠式というのは前後の板の真ん中に首を通して着用、がら空きの左右側面に追加の板「脇楯（わいだて）」を取り付ける。こちらは後に**大 鎧**（おおよろい）に進化した。

挂甲は当時、朝廷の武官が使用したというが、実戦で使われなくなっても儀式用の衣装として存続し続けた。現代でも天皇家で執り行われる儀式で使用されているという。

## 挂甲──鎧の最適解である小札甲

挂甲には大きく分けて、胴丸式と裲襠式の2種がある。

### 胴丸式挂甲

胴体を包むような形式。正面で左右端を引き合わせる。

正面で引き合わせる。

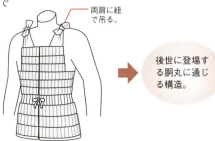

両肩に紐で吊る。

後世に登場する胴丸に通じる構造。

### 裲襠式挂甲

前後に長い甲板の中央に首を通し、左右脇に脇楯を取り付けるタイプ。

胴丸式よりゆったりだが左右が開く。

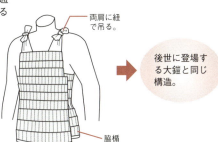

両肩に紐で吊る。

脇楯

後世に登場する大鎧と同じ構造。

### 初期挂甲と小札

古墳時代の挂甲は大きめの札を横に10数枚綴ってある。それを3〜4段連ねて胸部分が完成した。

小札には紐を通す穴が10カ所以上ある。

奈良平安期のものに比べて造りが粗い。

### 関連項目

- ラメラー→No.007
- 短甲→No.050
- 大鎧→No.055/056/057/059/062

## No.052

# 中国伝来の綿甲は兵士全員に行きわたったのか

鎌倉時代以前までは律令で武器防具の個人所有は禁じられており、国家で生産と管理を行っていた。数合わせに多数の廉価鎧も作られた。

### ●奈良平安時代の兵団は各種の鎧を装備した

　**挂甲**や**短甲**といった古代の甲冑は、9世紀の平安時代に至るまで使われた。なお、奈良時代にはすでに「製作に手間がかかる」「金属鎧は重すぎて不便」とされ、平安時代初期には革製のものが主流となっていた。『延喜式』(法律書)には「それらの鎧は正倉院などの倉庫に保管され、戦乱のたびに兵士に貸し出し、数世代にわたって使用した」と記されている。その結果、激しく消耗し、挂甲の現物はあまり残っていない。

　ちなみに、大和朝廷や幕府と長く争ったアイヌの戦士も小札甲の鎧を用いていた。近世まで使われた「アイヌ鎧」はチベットのラメラーに形状が似ているが、ロングスカートのように裾が長い。小札はイチイの木片で作られ、引き合わせは背中か正面にある。アイヌはまた、トドやアザラシなど海獣の皮を加工して鎧を作成することもあった。鎧を着た上に、布に木片を貼った頭巾兜を被ることもある。

　さて朝廷が管理する鎧の話に戻るが、桓武天皇(在位781－806年)の時代、鉄鎧は3000領あったという。これは豪族や武官向けの装備で、一般兵士向けの革鎧や**綿甲**を加えれば、防具の在庫総数は数万に達しただろう。地方での生産も指示され、『続日本記』によれば、綿甲類は太宰府だけで2万250着も作られたという。

　綿甲または綿甲冑というのは、奈良時代以降に採用された官製量産甲冑で、中国の唐から伝来したものだ。大陸のものと造りは異なり、日本では布地の上に鉄か革か木の板を鋲止めした鎧と兜が量産された。簡素だが矢を防ぐほど高性能で、防寒着としても用いられた。綿甲は兵士の制服でもあり、甲板に色を塗って5色の部隊が編制されたらしい。綿甲の仲間には、甲板がなく布に鉄板様の色を着けただけの「綿襖」という軍服もある。

## 綿甲とアイヌ鎧

### 綿甲

詳細は不明だが、世界中で用いられた「布に板を貼った鎧」の一種。日本では軍服や防寒着としても使用された。板を貼るはずの部分に色を塗っただけの綿襖という防具もあった。

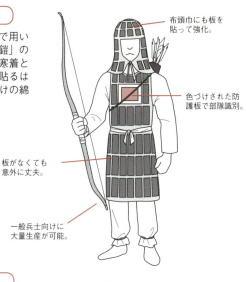

- 布頭巾にも板を貼って強化。
- 色づけされた防護板で部隊識別。
- 板がなくても意外に丈夫。
- 一般兵士向けに大量生産が可能。

### アイヌ鎧

ラメラータイプの鎧。日本の挂甲と同じく、大陸から伝来した鎧がベースだと思われる。海獣の皮を材料に用いることもあった。

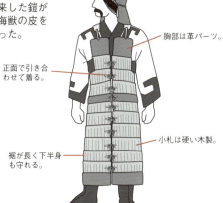

- 兜は布に板を貼ったもの。
- 胸部は革パーツ。
- 正面で引き合わせて着る。
- 小札は硬い木製。
- 裾が長く下半身も守れる。

### 関連項目
- 短甲→No.050
- 挂甲→No.051
- 綿甲→No.087

## No.053

# 衝角付冑と眉庇付冑は日本独自の兜だったのか

中国や日本の“甲冑”という単語は鎧と兜を表している。必ずしもワンセットではないものの、鎧を着るなら兜も用意されることが多い。

### ●古墳時代から平安初期まで用いられた兜

　古代日本には「衝角付冑」と「眉庇付冑」の2種類の兜が存在した。後者の方が格上である。そのほかに独特の形状の金属兜も見つかっている。これら以外に、木をくり抜いた粗末な木鉢も兵士らに用いられたようだが、割れやすくて実戦向きではなかった。

　日本兜の原型とされる衝角付冑は、やや尖った程度の鶏冠を持っている。これはかつて木や革を曲げて成形していた名残だ。4世紀後半から板金の兜も出現するが、パーツとしては鉢、それを補強し装飾ともなる衝角、左右と後頭部をぐるりと取り巻く防護板「錣」で構成された。以後、日本の兜にはほぼ必ず錣が付属するが、この時代だと材質は革か鉄だ。衝角付冑は6世紀には半球型になり、頭頂に山鳥の尾羽の飾りが付いた。

　一方、眉庇付冑は5世紀初めに誕生した。中国の兜に似ているが、その構造は日本オリジナルだという。丸鉢に錣、そして額部に庇が付くのが特徴だ。庇は日除けだが、斬撃を滑らせる効果もある。さらに頭頂に「受鉢」という盃型の飾りもあった。受鉢の用途は未だ不明だが、複数の穴が空いており、布か羽根の飾りを通して垂らしたと推測される。

　ほかの部位防具も見てみよう。

　「頸甲」または頸鎧と呼ばれる襟付きの板金胸甲は、左右2ピースでワンセットだ。これで肩口、胸元、背中を守ることができた。「肩甲」は蛇腹状の板金で、肩から肘までを覆う。日本鎧の主要パーツである「袖」の祖となった。腕を守る「籠手」は布か革製で、手甲が付属しており、手首付近を上から縛って固定した。膝から足首までを守る「脛当」は、輪状になった小札タイプと、筒状の鉄板に脚を入れるタイプがあった。

　これら部位防具の可動部は鉄鋲や革紐で連結されていた。

116

## 古代兜と部位防具

### 衝角付冑

帯状鉄板を曲げて製作し、衝角を設けた。古い兜の場合、錏は最初からないか、腐食で失われているケースも多い。

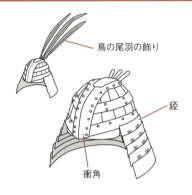

- 鳥の尾羽の飾り
- 錏
- 衝角

### 眉庇付冑

鉢に庇と錏を付けた兜。全金属製であることが多い。中国やインドの兜に似ている。受鉢には飾りを付けたとされる。

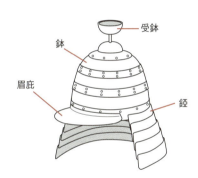

- 受鉢
- 鉢
- 眉庇
- 錏

### 部位防具

鎧と兜以外の防具は、そもそも武官などの指揮官向けの装備。材質は鉄または木材だった。鉄板の上に薄く銅板を貼って金メッキ仕上げにした豪華な代物も出土する。

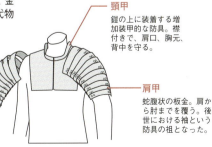

**頸甲**
鎧の上に装着する増加装甲的な防具。襟付きで、肩口、胸元、背中を守る。

**肩甲**
蛇腹状の板金。肩から肘までを覆う。後世における袖という防具の祖となった。

## No.054
# 日本の盾は竹束に退化したのか

盾は世界中で使われる防具だし、人類が最初に手にした防具とまでいわれている。だが、大鎧の発明以後の日本では手持ち盾が姿を消した。

### ●日本人は盾が嫌いになったのだろうか？

　弥生時代から古墳時代を経て平安時代初期まで——つまり**短甲**や**挂甲**など古代鎧全盛の時代までは盾はよく使われる防具だった。片手に直剣、もう片方に鉄や革の小型盾、あるいは木製の長方盾を持ったと思われる。

　長方盾には呪いじみた渦巻模様や幾何学パターンが描かれていた。奈良時代までよく用いられた「手盾」は縦90〜160センチ、横30〜70センチの木製四角盾で、もっとも長く命脈を保った盾と思われる。

　西洋などでは**プレートアーマー**が普及するまでの間、**盾**がもっとも基本的な防具だった。アジアや中東の騎兵はコンパクトな丸盾を愛用してきたし、アフリカや**南北アメリカの戦士**も大きな盾や四角い手持ち盾を使う。ところが日本では、**大鎧**の登場をきっかけとして盾がまったく使われなくなる。馬に乗る武士に限っていえば、大鎧の袖が盾の役割を果たしたのだ。

　戦場では矢や鉄砲弾が飛び交うので、盾はあった方がいい。しかし武士はもちろん雑兵でさえ盾を常に持ち歩くことはしなくなった。大きな木板を盾として矢避けに使うこともあったようだが、白兵戦用の盾は存在しない。戦場では、早い段階から足軽も両手が塞がる長槍や弓を使うようになったので、盾を持つ余裕がなかったとも推測できる。

　一方で、竹を刈って縛った束を盾に使うケースは戦場でよく見られるようになる。集めた竹を木枠にはめたものとか、寺院の大きな扉を奪ってきて盾の代用品にすることも多かった。一方で、あまりにも盾そのものを使わない気がするのだが、その理由は不明だ。

　あえていうなら、盾以外にも陣地の垣根も竹で作るのが普通だし、国内なら竹はどこにでもごっそり生えていた。現地で調達できて使い捨てできるなら、それに越したことはなかったのだ……と考えるしかない。

118

## 古代の盾と竹を利用した矢避け

### 古代盾

古代日本には、世界のほかの地域で見られるのと同様の手持ち盾が存在した。しかしそれほど立派なものではない。材質は木が多く、金属や革を張る場合もあった。

### 大盾

木板をそのまま用いるような盾もあったが粗末で、白兵戦で切り結ぶ時に使うものではない。

### 竹束

戦国時代によく見られたのが竹の束や大扉を矢避けに使う方法。雑すぎて盾と呼んでいいのかわからないレベルだ。

### 関連項目

- ●盾→No.002/010/022
- ●プレートアーマー→No.030/038/039
- ●短甲→No.050
- ●挂甲→No.051
- ●大鎧→No.055/056/057/059/062
- ●南北アメリカの戦士→No.098/099/100

## No.055

# 日本の防具史には2回のブレイクスルーがあったのか

日本では平安時代初期（9世紀）まで、3～5世紀に完成した短甲や挂甲などの防具を用いてきたが、その後に大きな発展を遂げる。

### ●大鎧に始まる日本甲冑の歴史

　日本では平安中期～末期にかけて大きな技術革新があって、武将向けの大鎧と従者向けの腹巻、胴丸が誕生した。特に大鎧は日本防具史の中でのエポックメイキングであり、当時最上級の甲冑だった。世界中で普及していたラメラーの一種ではあるが、知名度や品格でいえば西洋のプレートアーマーに相当する。

　ちなみに、この時期に武器も直剣から湾刀（日本刀）へ、弓も強力な伏竹弓へと進化を遂げている。それまで朝廷が管理する官給品だった武器防具類が個人の所有物＝武家による自家製になったのもこのころだ。貴族が力を失い、武士が台頭して源氏と平氏が争う時代の中で、甲冑は劇的に進化したと見られている。逆にいえば、それまでは強力な兵器が不要な、平和な時代だったということだ。

　平安末期の技術革新により日本防具の基礎と流れが確定し、以後は改良を重ねつつ鎌倉時代に突入する。実戦は激化を続け、南北朝～室町～戦国期(15～16世紀)に次世代甲冑として当世具足が登場した。安土桃山時代(16世紀後半)までに優れた甲冑が出揃ったが、これが日本防具史のブレイクスルー第二期といっていいだろう。

　日本にはヨーロッパのようなプレートアーマーは遂に登場しなかったが、分厚く重い鉄の板金鎧が「高温多湿にして山がちな地形で、軍馬は小柄だった」我が国の風土にそぐわなかったからである。日本の鎧は技術的に諸外国のそれと比べて何ら劣ることなく、実用性や芸術性においては、むしろ西洋鎧を上回る逸品だった。大鎧を例にすれば、平安の貴族文化と武家文化の融合で生まれ、威毛などの装飾をも備えた、優美にして剛健な防具なのである。

120

## 日本独自の甲冑の発展史

10～11世紀（平安中～後期）

大鎧と胴丸の誕生

＜第一次技術革新＞

← 武士の台頭
武器の進化（直刀→日本刀、木弓→伏竹弓）
武器防具の国家管理 → 武家の私物

源平合戦

▼

13世紀（鎌倉中期）

腹巻の誕生

武家政権の確立

元寇

▼

14世紀（南北朝時代）

大鎧と小具足の改良

▼

15世紀（室町～戦国時代）

当世具足の登場 ＜第二次技術革新＞

応仁の乱

▼

16世紀（安土桃山時代）

当世具足の発展

▼

17～19世紀（江戸時代）

復古具足など芸術性を
追求した飾り鎧の製作

---

時代を制覇した
2種の日本鎧

**大鎧**
高品質ラメラー。騎乗戦向け。射撃戦向け。

**当世具足**
改良胴丸。徒歩戦向け。自由な発想で性能向上。

---

### 関連項目

- ラメラー→No.007
- プレートアーマー→No.030
- 大鎧→No.056/057/059/062
- 威毛→No.057/061
- 腹巻→No.058/059
- 胴丸→No.059
- 伏竹弓→No.063
- 当世具足→No.064/065/073

**No.056**

# 大鎧とはどんな甲冑だったのか

大鎧には着背長（きせなが）、式正鎧（しきしょうよろい）などの別名がある。前者は軍記物内での呼称で後者は甲冑の基礎・規範となったことから付いた室町時代の俗称だ。

## ●最初に登場した格調高い騎馬武者の鎧

**大鎧**は平安時代の中期（10世紀後半）に生まれ、源平合戦から鎌倉時代にかけて全盛期を迎えた日本独特の鎧である。その後、南北朝時代の30年間に製作技術が発展し、装飾も壮麗となった。13〜14世紀まで用いられたが、室町時代の後、戦国時代には「当世具足」という新型鎧に取って代わられていく。大鎧は実戦で使われなくなってからも格式の高い鎧と認識され、地位の高い武将が祭礼の武装行列で身に纏っていた。

大鎧は騎馬武者向けの高級装備で、馬上で弓を射る戦いを前提としている。騎馬戦における機能が追求されており、徒歩戦では不利になる。

前時代の挂甲から進化した甲冑で、兜と胴鎧、肩部の**袖**の3パーツでワンセットになり、ひと揃いを一領と表現する。

胴鎧はさらに数パーツで組み立てられている。胴（胸腹部）＋前後左右4枚の草摺（くさずり）（腰部）＋脇楯（わいだて）（引き合わせの防護板）、それに栴檀板（せんだんのいた）（小札製の右胸防護板）と鳩尾板（きゅうびのいた）（鉄板製の左胸防護板）をぶら下げ、逆板（さかいた）（背中の防護板）を付け、そのほかにも身体を局所的に守る革や金属製の防護板がある。

胴は簾（すだれ）のような形状で、身体に巻き付けて装着するが、左側面に「引き合わせ」ができ、これが弱点となり得る。脇楯はその接合部を守る板だ。そのほか、左右胸をはじめとする防護板などの多くは、弓を射る時に弱点を守るためのものである。

大鎧の材料は鉄・漆・鹿のなめし皮・牛生皮・綿など多岐にわたる（同時代のほかの形式の甲冑も同様）。

大きめにゆったりと作られているが、西洋の板金鎧よりは軽く、大鎧一領の重量は22〜26キロ、そのほかの部位防具や弓矢、刀など装備一式を含めると38キロほどになる。

## 大鎧の各部位の名称

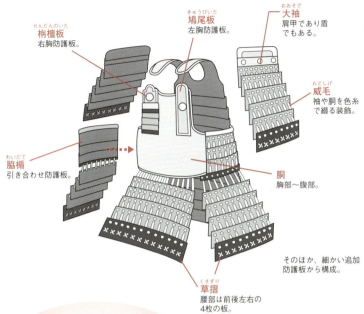

**栴檀板**（せんだんのいた）
右胸防護板。

**鳩尾板**（きゅうびいた）
左胸防護板。

**大袖**（おおそで）
肩甲であり盾でもある。

**威毛**（おどしげ）
袖や胴を色糸で綴る装飾。

**脇楯**（わいだて）
引き合わせ防護板。

**胴**
胸部～腹部。

そのほか、細かい追加防護板から構成。

**草摺**（くさずり）
腰部は前後左右の4枚の板。

### 弦走韋（つるのはしりかわ）

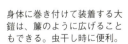

大鎧の中には胴前部が弦走韋に覆われているモデルもある。弓を扱う時に引っかからないよう、そこだけ鹿の皮で小札を包んだものだ。初期の大鎧にはみられない。

**逆板**（さかいた）
背中の防護板。

身体に巻き付けて装着する大鎧は、簾のように広げることもできる。虫干し時に便利。

### 関連項目

● 大鎧→No.055/057/059/062　　● 袖→No.057

## No.057

# 大袖は可動して守る『持たない盾』だったのか

袖は古墳時代の甲冑に付いていた肩鎧から進化したもので、中国の秦の遺跡である兵馬俑から出土する人形にも同じような装備がある。

### ●身体の動きに合わせて守る有能な左右の盾

**大鎧**や**当世具足**の四角い肩甲は「**袖**（そで）」とか「**大袖**（おおそで）」と呼ばれる。肩甲ではあるのだが、諸外国で用いられる盾としての機能も高い。袖が登場する時代から日本では（古代には使われていた）手持ち盾が消滅してしまった。それは当時の武士の多くが両手で弓を扱っていたからであり、時代が下った後も日本刀や槍など両手持ちの武器を用いたからだ。甲冑の付属品である両肩の袖は「鎧に固定された盾」なのだ。

袖は肩の動きに連動するようになっており、顔を横に向ければ袖でガードしつつ矢を放てる。ちなみに顔面、顔から喉にかけての部位、脇の下、下腹部（草摺（くさずり）の間）などが狙撃されやすい部分だが、大鎧を着ればだいたいは袖と追加の防具でカバーできるようになっていた。

武者同士は遠距離で矢をかけ合い、矢が尽きたら白兵戦に突入する。日本の甲冑は斬撃にも強く、日本刀ではなかなかダメージを与えられない。だから「介者剣術（かいじゃ）」といって、相手を組み伏せて短刀で鎧の隙間を攻撃するような格闘術も発達した。現代には柔術として伝わっている。

袖の材質は当初は革だったが、平安時代後半からは「鉄交ぜ（かなま）」といって鉄製を混入させた小札（こざね）の6～7段組で製作するようになった。バリエーションも数種あり、たとえば、末広がりの形状の「広袖」は徒歩戦向けで、刀剣に対する防御力が高い。室町時代後期に現れた「壺袖」は逆に裾がすぼまる小振りな袖で、全体に湾曲している。

本来は大鎧の部品だが、胴丸や腹巻にも袖を取り付けることがあり、鎌倉時代には矢を収納できる袖もあった。

日本鎧の特徴である大振りな袖は、遠目にも目立つ。そのため、「**威毛**（おどしげ）」（小札を繋ぐカラフルな糸）による装飾が重点的になされた。

124

## 袖は本当に盾の役割を果たすのか――答えはYES

> 袖

大鎧に始まる肩を守る袖は可動する盾の役割も果たした。

| もっとも目立つ部位 | → | 威毛で装飾した。 |
|---|---|---|
| もっとも防御力を求められる部位 | → | 鉄の小札を混ぜた。 |

**大袖**
スタンダードなもの。射撃戦用。

**広袖**
大袖より小振りだがしっかりカバー。白兵戦用。

**壺袖**
湾曲しており邪魔にならない。室町期に現れた白兵戦用新型。

### 狙撃されやすい大鎧の隙間

顔と喉
脇の下
草摺の間

### 大鎧の袖を利用した防御姿勢

首をすくめて袖で守る（下を向けば兜が守る）。

脇を少し開け、袖を上げる。

頭を横向きにし、顔面を袖に隠す。

袖（肩）を前側に向ける。

---

**関連項目**

- 大鎧→No.055/056/059/062
- 袖→No.056
- 威毛→No.061/063
- 当世具足→No.064/065/073

**No.058**

# 腹巻は後ろに引き合わせがある人気甲冑だったのか

腹巻は腰紐を引き締めて着るため、身体にフィットして動きやすい。
蝶のように舞い蜂のように刺す、と怖れられたのが腹巻姿の侍だ。

## ●見た目にわかりやすく、ちょうどいい防具

　**腹巻**は**大鎧**や（今でいう）**胴丸**より遅れ、鎌倉中期（13世紀）に登場した
鎧で、かつて胴丸と呼ばれていたものが南北朝時代までに呼称が入れ替
わったものである。引き合わせが背中にあるのが特徴で、レディメイドで
あっても誰もが装着しやすい。そして胴丸よりも軽快で、こちらの方が人
気があった。一体成形のため付属品も少なく、鎧の着脱は楽で、戦場では
動きやすいという優秀な鎧である。

　さらには、腰が締まってフォルムが美しいため、観賞用の鎧としても重
宝された。大鎧は飾られた状態だと四角く見え、腹巻は胴部を曲線が包ん
でいる。それぞれ違うテイストの美観を備えているのだ。

　室町中期以降は（馬に乗らなくなった）上級武士も積極的に用いるように
なり、胴丸とともに、後世には軽量で実用的な鎧として認知された。時代
は遡るが、鎌倉末期の蒙古軍襲来でも腹巻は戦線を支えた。文永の役（1274
年）では敗北したが、続く弘安の役（1281年）では、前回の戦訓を踏まえ、
軽快な腹巻を着た侍が敵船を奇襲して大勝したという。

　本来は従者向けの簡易鎧なので、兜や**小具足**（部位防具）なしで運用され
たが、上級武士は当然その限りではない。ただし、引き合わせが存在する
背中はどうしても弱点になってしまう。

　**当世具足**が普及した時代には、実戦で使われる「働きの甲冑」としてよ
く採用され、背板が付属するようになった。この背板を「臆病板」と揶揄
する輩もいるが、実は平和な江戸時代に生まれた風潮で、実戦の中にいた
戦国時代の人々は気にしなかっただろう。「武士は後退しないので背中の
防御は不要」と勇ましいことをいっても、戦場では弓矢が一番殺傷力が高
く、矢はどこからでも飛んできたはずだ。

126

## 武将から雑兵まで用いた軽便な鎧

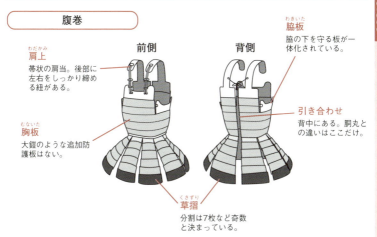

腹巻

**肩上（わだかみ）**
帯状の肩当。後部に左右をしっかり締める紐がある。

**胸板（むないた）**
大鎧のような追加防護板はない。

前側　背側

**脇板（わきいた）**
脇の下を守る板が一体化されている。

**引き合わせ**
背中にある。胴丸との違いはここだけ。

**草摺（くさずり）**
分割は7枚など奇数と決まっている。

### 武士が戦場で用いた場合の装備

身分のある者が腹巻を着る場合、部位防具を好きなだけ追加した。

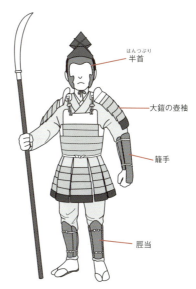

- 半首（はんつぶり）
- 大鎧の壺袖
- 籠手
- 脛当

### 関連項目

- 大鎧→No.055/056/059/062
- 腹巻→No.055/059
- 胴丸→No.055/059
- 当世具足→No.064/065/073
- 小具足→No.078/079

## No.059

# 胴丸は右に引き合わせがある歩兵甲冑だったのか

胴丸は大鎧とよく似た構造の「巻いて着るタイプの鎧」で、大鎧を着た主君に従い徒歩で戦う従者のための鎧。いわば大鎧の弟分だ。

### ●従者の鎧だが遜色ない徒歩戦用の甲冑

　**胴丸**は大鎧と同時期（10世紀）に登場し、当時は**腹巻**と呼ばれていた。別に腹巻という鎧もあるのだが、室町末期から南北朝時代にかけて、一時的に両者が混同された後、呼称が入れ替わってしまった。徒歩戦が主体となった戦国期には当世具足と並んで全国によく普及した。

　大鎧と同じく胴体に巻き付けるように装着し、右側に引き合わせができるが、**大鎧**のような**脇楯**はない。

　腹に巻くのだから腹巻という呼称が正しく思えるが、今では胴丸と呼ばれているので致し方ない。本書では後世に定まった呼び名である胴丸に統一している。日本鎧には見た目が似たいくつかの種類があって見分けるのが難しいこともあるが、次の点が見分けるポイントとなる。

　袖の代わりにより小型な「杏葉」が肩に付いている。また大鎧の草摺が必要最小限の4枚なのに比し、胴丸は8枚で、後にもっと増えていく。中には10枚以上の草摺を持つ胴丸も珍しくない。当初、騎馬武者に徒歩で付き従う徒武者（従者）の鎧として作られたため、足さばきを妨げないようにしてある。実戦では、身分に関わらず必要に応じて武将も用いた。

　大鎧は射撃戦を旨とする騎馬武者用のハイエンドモデルとして作られたが、胴丸と腹巻は従者用の廉価版だった。この3種の鎧の基本コンセプトは以後の日本鎧に受け継がれ、いってみれば後世の鎧はすべてこれらの改良版でしかない。

　侍同士の対決だった戦場は集団戦に移行し、武士は馬を下りて戦う時代には胴丸や腹巻を着、さらにその発展型である当世具足を着るようになった。この流れは、西洋の下馬騎士が**メンアットアームズ**と呼ばれ、従士向けの**フットコンバットアーマー**を着るようになった経緯と符合している。

## 草摺は足さばきを邪魔せず、杏葉は腕の動きを邪魔しない

### 胴丸

小札のラメラー。全体に大鎧に勝るとも劣らない防御力。

**引き合わせ**
巻き付けて右側で留める。

**杏葉**
袖の代わりに付属する小さな肩甲。

**胸板**
大鎧のような追加防護板はない。

**草摺**
最低でも8枚に分割。

#### 関連項目

- メンアットアームズ→No.029/044
- フットコンバットアーマー→No.034
- 大鎧→No.055/056/058/062
- 胴丸→No.055/058
- 腹巻→No.055/058
- 脇楯→No.056

## No.060

# 腹当は雑兵向けの簡易鎧だったのか

当時の鎧の中でもっともリーズナブルなものが腹当だった。否応なく戦闘に参加させられる農民などにはありがたい装備だっただろう。

### ●ないよりましな程度の胸当？

「腹当」は鎌倉後期から登場する雑兵向けの装備である。その時代には戦闘のプロ＝武士だけでなく、農民らを集めて兵とし、集団同士でぶつかり合うことが多くなった。

手の込んだほかの日本甲冑と違い、腹当は上半身だけを守る簡易な胸当だった。その前面には小さな1枚の草摺が下がっている。剣道で使う胴だけを着けると思えばよく、背中はガラ空きで、部位防具は個人が任意で装着する。戦場で死体から剥いできた兜などを被ることもあっただろう。

戦国時代になると、家紋などを入れた腹当を量産して城で管理し、足軽や弓兵に配るケースもあった。簡易鎧なだけに重ね着もでき、用心のために武将が鎧の下に着るようなこともあった。

中世の甲冑には、**大鎧**と胴丸の折衷型の「胴丸鎧」というのもあった。大鎧の全盛期に、徒歩での戦いを好む武士が作らせたカスタム鎧だといわれている。通常4枚の草摺が7枚に分かれており、丈も短い。騎馬武者は馬に跨ったまま弓を射つという戦闘スタイルなので、大鎧では下半身をしっかり守るために、草摺を長く大きくして枚数も少なめだった。ところが下馬して戦うなら、草摺を細かく割らないと足さばきに支障が生じるというわけだ。

胴丸鎧が作られたのはちょうど源平合戦が行われた時代で、海戦が多かった。徒歩戦向けというより水上戦用＝船の上で身動きしやすくする措置だったのではないかという説もある。

ちなみに江戸時代にも胴丸鎧と銘打たれた甲冑が製造されたが、まったく別物だ。平和な時代に作られる鎧はデザイン優先の**飾り甲冑**であり、むしろ防具としての機能は無視されがちだった。

## 腹当と胴丸鎧

**腹当**

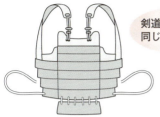

剣道で使う胴と同じような形状

**胴丸鎧**

製作の経緯やどう使われたかはともかく、大鎧の草摺を7枚にしたもの。たったこれだけの改変で、徒歩戦対応の鎧として使えるのは確かだ。

徒歩戦向け？

水上戦向け？

### ❖ 鎧の種類はわかりにくい

現代に残る鎧は、さまざまな事情から腹巻タイプであっても胴丸と銘打たれていることがある。また大鎧のように見えて、実は復古調具足だったりと、展示に付属する説明をきちんと読まないと混乱することがある。

---

**関連項目**

- 大鎧→No.055/056/058/062
- 胴丸→No.059
- 飾り甲冑→No.068

## No.061
# 甲冑は小札で作って威毛で装飾したのか

日本の甲冑は小札を数千枚も綴る手間を経て完成する。鎧のほか兜の鉢や小具足さえ小札で作られ、だからこそ高品質が讃えられた。

### ●防具の重量も品質も、すべては小札が決める

**ラメラー**は小札(こざね)を繋いで完成するが、小札の善し悪しが甲冑の性能を大きく左右する。日本鎧の場合、その大きさは名刺大、花札大、小指大と時代が下るほど小さく薄くなっていく。厚さは1センチ前後だ。

材質は鉄が最良だが、高価で重いという欠点もある。それで「鉄交(かなま)ぜ」といって、要所に鉄小札を混入させ、それ以外には牛革製を用いた。

小札には穴を空け、横に並べ、半分ずつ重ねて糸で綴っていく。糸の材質は当初は絹か革、室町期から木綿が加わる。これで屈伸可能で堅牢な小札の帯ができる。帯を何段か縦に重ねれば小札の板ができるが、日本鎧では縦の糸を任意の色に染め、「**威毛**(おどしげ)」という装飾にしてきた。

威毛に採用された色は赤・紺・白・紫・萌黄(もえぎ)・浅葱(あさぎ)・縹(はなだ)・茶など。ツートーン、スリートーン、グラデーション、綾織りなどの手法・技法も駆使され、波形や三角形、タイヤトレッド型など刺繍で図形を描くこともある。黒鎧にカラフルな威毛を施すともっとも目立って美しいので、最終的にはその組み合わせが定番となった。装飾ではあるが、ちょうど西洋騎士の紋章のように、戦場で個人や仲間を識別する目印という役割も果たした。

鎌倉時代以降は防湿と耐久性向上のため、仕上げに漆(うるし)を塗るようになり、戦国期に入ると鉄札を馬革でくるんで漆を塗った「包(つつみ)小札」も登場した。

ちなみに大鎧の小札は胸2段、腹4段の並びで構成される。草摺は古いもので小札4段、新しければ5段。後世の当世具足ではもっと増える。

博物館や書物で甲冑が紹介される時、たとえば「七間五段」などの語句が入っている場合、胸部は横に7列(小札1枚が1列という意味ではない)、縦に5段(小札の縦並び枚数)で構成されているという意味である。「黒糸威」とあれば、威毛に黒糸が使われているということだ。

132

## 鎧を構成する小札・威毛とは？

### 小札

名刺大、花札大、小指大のものがある。長方形だが、部位によっては台形のものを使う。

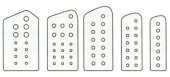

小札を半分重ねて一列をずらりと綴っていく。数段重ねて小札の板を形成する。

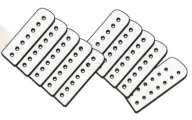

### 威毛

小札を綴る縦糸を装飾として利用する。

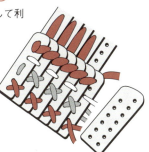

**威**
小札を連結する上下段の色糸。

**毛立**
連結した糸により伸縮性を確保する。（威と毛立を合わせた総称を威毛という）

### 袖の威毛パターン

**伏縄目威**
タイヤ痕。

おもだか
**沢瀉威**
三角。

くれないしろだん
**紅白綛威**
赤白の段々。

たてわく
**立湧威**
カラフルな波線。

---

**関連項目**

● ラメラー→No.007
● 威毛→No.057/063
● 漆→No.062

## No.062
# 甲冑の装飾技術は進歩したのか

多湿な気候は鎧の素材にダメージを与える。漆塗りで素材を守り、美観もアップさせた。そのほか、時代ごとに流行した装飾法もあった。

### ●質感の異なる漆と彫金・打ち出し・メッキ術

　湿度の高い日本では何でも漆でコーティングする傾向があるが、甲冑は傷みやすい高価な品なので、なおさら可能な限り漆で固められている。鎌倉時代以降のものは小札一枚一枚が漆塗りされているのが当たり前だ。

　ちなみに鎌倉時代、**大鎧**は腹巻の4倍、刀の8倍の値段だったという。完成までに2年の歳月を要し、急ぎでも1年かかった。時代によって異なるが、甲冑一領にはおおむね2000〜3000枚の小札が使われている。

　さて、漆にも種類があり、黒漆を用いた鎧は黒鎧になるが、下地が黒いとカラフルな装飾が目立つので一番人気があった。ほかに透漆(透明)や朱漆(赤)、叩き塗(卵殻などを混ぜて梨子地にする)、石地塗(石粉を混ぜた漆)、錆塗、青塗、肉色塗など技法は多岐にわたるが、有力者の甲冑の場合には漆に金粉や銀粉を混ぜて仕上げたりもした。

　漆以外にも装飾の方法はいくつかある。大鎧が普及した平安末期から鎌倉時代(12世紀)にかけては、兜の鍬形や胴の鳩尾板など金属部品に対し、彫金したり、裏から打ち出して浮き彫りを施した。続く室町時代(14世紀)には金銀のメッキが流行し、安土桃山時代(16〜17世紀)には、革や紙の素材部分に箔押しをするのが流行った。

　装飾・デザイン性・実用性を考慮した変更点として、小札を金属の一枚板に変更した「板物」というのがある。16世紀以後の当世具足に顕著で、草摺部分が一枚板=板札になっている。製作の手間を減らす意味もあったが、より丈夫になって効果的だった。同じく兜の錣を板札造りにするケースもあった。防護力向上の意味では、糸でなく鎖で小札を連結した甲冑も出回った。

134

## 鎧の保全と強化、そしてきらびやかに演出する工夫の数々

### 漆塗り

色や質感の変更。

- 黒漆
- 透漆
- 朱漆
- 青塗
- 肉色塗
- 叩き塗
- 石地塗
- 錆塗
- 金粉や銀粉混入

### 装飾技法の流行

| 平安末期から鎌倉時代（12世紀） | → 彫金・浮き彫り。 |
| 室町時代（14世紀） | → 金銀のメッキ。 |
| 安土桃山時代（16～17世紀） | → 革部品に金箔を箔押し。 |

### 彫金／打ち出し／メッキ

12～14世紀。金属部品への装飾。

兜飾りに彫金。

手甲に浮き彫り。

### 甲冑の値段

鎌倉時代の大鎧は腹巻の4倍、刀の8倍の値段だった。

大鎧1領　＝　腹巻4領　＝　刀8本

---

**関連項目**

●大鎧→No.055/056/058/060　　●漆→No.063

## No.063

# 鎧はどのようにメンテナンスや修理をしたのか

小札鎧の構造と日本人の質実さがあって、戦地で持ち主自身が修理をするのは常識だった。破損品や古物のリサイクルにも積極的だった。

### ●弓矢や鉄砲で撃って強度を確認・証明する

漆でコーティングされてはいるが、毎年の虫干しを怠るなど保管状態が悪ければ、鎧は傷んでしまう。特に紐の部分などはシラミに弱かった。雨に濡れるのもよくない。西洋の鎧よりは快適だが、威毛が濡れたままで低温下にいると鎧が凍ってしまって辛い思いをしたという。

ちなみに破損した場合の応急修理は可能で、侍や兵士は戦場に道具を持参していた。

破損したものや古くなったモデルは、甲冑師が回収してリサイクルも行っていた。当時の言葉で「仕返し」、リサイクル品は「仕返し物」というが、複数の古鎧からまともな品を再生するのは簡単な話ではない。鎧ごとに小札の大きさが違うからだ。それで「皮包み」といって、小札を柔らかい獣皮で包み、なじませた再生品をでっち上げたりもした。

製作工程の中では、鎧の強度を確かめる試験もよく行われた。大鎧が主流だった鎌倉時代には「試鎧」と呼ばれ、伏竹弓という強力な複合弓で射ていた。

これが16〜17世紀には火縄銃で当世具足を撃つ「試具足」に変わった。南蛮具足の鉄製の胴に向け、15歩(17歩説もある)離れた場所から撃つのだ。

面白いことに、これと同様の試験が西洋でプレートアーマーに対しても行われていた。日本では前面と左右面に向けて撃ち、後面は「武士は背中を見せない」ので不要とされた。試射した証拠として弾痕は残した。

試具足は江戸時代に入るころまで行われていたが、以降、甲冑が余裕のある武家向けの贅沢品となってからは、弾痕を模したきれいな凹みが付けられるようになった。

136

## 鎧の修理と品質管理

破損した甲冑は……？ → 戦場で持ち主が応急修理。
→ 甲冑師に修理を依頼。

仕返し ＝ 中古品や破損品をリサイクルして再生すること。

→ ほつれた糸や欠けた小札を直す。
→ 漆を塗り直す。
→ 複数の破損鎧を合体させて再生品を作る時は……
　不揃いな小札は獣皮で包む。＝ 包鎧にしてしまう。

### 試鎧と試具足

大鎧の全盛期には → 強力な弓で射て耐えうるか試験。

南蛮具足系の鉄製胴には → 角度を変えて鉄砲で撃って試験。

・15歩の距離から射撃。
・前面・左側面・右側面をテスト。
・弾痕をそのままに鎧を完成させる。

撃たれても貫通しない証明じゃな

## ❖ 騎馬武者が使った日本の弓

射撃戦が盛んだった平安〜鎌倉時代、弓は非常に大きく、最大で長さ200センチもあった。騎馬武者が運用することを前提にしていたためで、歩兵の弓は140〜160センチだったと推測される。旧式であればしなやかな木から作る木弓、より強力なのが木と竹を貼り合わせた複合弓である伏竹弓。三枚内弓といえば、木を竹材で挟んで膠付けしたさらに進んだ弓だ。

---

**関連項目**

● プレートアーマー→No.030/038/039
● 大鎧→No.055/056/058/060/062
● 威毛→No.057/061
● 漆→No.062

## No.064

# 当世具足とはどんな鎧だったのか

具足とは十分に備わっているという意味であり、着れば守りは万全とされた。当世具足は当時視点からの現代鎧という意味の呼び名である。

### ●甲冑の決定版として登場

**当世具足**は室町後期〜安土桃山時代（15〜16世紀）に普及した甲冑を指し、「具足」と略して呼ぶこともある。戦国時代の甲冑であり、典型的な日本鎧を思い浮かべればよい。

着ていない状態でも立つほど強靭な**ラメラー**で、大鎧ではなく**胴丸**から進化した防具である。胴丸と同じく引き合わせは右だが、その部分の強化がなされている。それが目立つ特徴といえば特徴だが、以前の甲冑が造りに法則性があったのに比べ、当世具足は多種多様な構造・造形・意匠・素材があって一定ではない。兜・胴・袖に加え、籠手と脛当に佩楯までの全身防具が揃い、それらをしまう箱＝櫃も含んでワンセットとされる。徒歩戦向けの高性能甲冑であり、総重量は25キロほどだ。

草摺は初期型が6枚4段、後に7枚5段が主流となった。

袖については当世袖と呼ばれ、「仕付袖」といって籠手と一体化しているモデルが多いが、安土桃山時代には袖をなくして「小鰭」という極小袖にしたものが出回った。「置袖」や「中袖」「瓦袖」などはどれも肩にフィットする湾曲した小型の袖で、板物（小札でなく鉄板）である。「額袖」はその中でも彫金装飾を施したものだ。大鎧の袖は肩部に紐で結んでいたが、当世袖は上腕まである籠手に接続（かけ留め）するように変更された。

「具足櫃」については、桐製が多く、革や和紙製もあった。何種類かあるが、「背負櫃」は背負い帯の付いた立方体だ。『聖闘士星矢』の聖衣箱と同じ形をしているが、もちろん背負櫃の方がオリジナルである。「一荷櫃」は飛脚のように棒を通して運べるようになっている2箱でひと組の箱だ。「具足唐櫃」は4〜6本の足がついた大型のつづらだが、江戸後期の復古調ブームの時に生まれた非実用的な櫃である。

## 当世具足とその袖

### 当世具足

胴丸から発達した甲冑で大鎧よりスマートな雰囲気。兜＋胴＋草摺＋籠手＋脛当＋佩楯など全身の防具がセットになっている。

### 当世袖

小札製と鉄板製のものがある。胴の肩や籠手にフックで接続するようになっている。

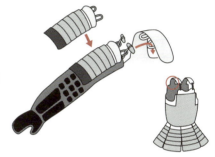

### 具足櫃

具足一式を入れる箱。背負いタイプ、2箱に分けて収納するタイプなどがある。

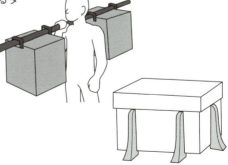

**関連項目**

- ラメラー→No.007
- 胴丸→No.059
- 当世具足→No.065/073
- 佩楯→No.070

## No.065

# 板物胴は鉄板を張った胴鎧だったのか

当世具足は古来の甲冑の製造法を踏襲しつつ改良された鎧だが、板物胴や南蛮胴のように伝統にこだわらない新型具足も考案された。

### ●鉄板張りになっても小札で装飾する

「板物胴」とは小札より大きな札金＝鉄板を胴に張り巡らしたもので、人気を博した。従来の鎧より量産が容易で、雑兵にも与えられることがある。大変強固で、特に槍や矢など刺突に対する防護に重点が置かれている。反面、柔軟性には欠けるため、必要に応じて数箇所の蝶番が設けられた。引き合わせは基本的に右だが、左右両方や後ろ側に設ける場合もある。

板物の胴は湾曲した板張りになるが、札金の張り方によって横矧胴(横長の鉄か革板を並べて鋲打ちした胴)、矧胴(同じく縦に並べたもの)、鳩胸胴(横矧と同様だが南蛮胴の影響で胸中央が尖って盛り上がっている)などがあり、美意識から小札鎧に見せかけたモデルもある。「綴胴」は小札でわざわざ表面を覆ったもの、「威胴」はさらに**威毛**まで追加したタイプだ。最上胴(古くからある板物の胴丸)など含めれば、バリエーションは10種前後になるだろう。

ちなみに、**当世具足**は大鎧に代わる新世代甲冑であるためか、利便性に関わる小さな工夫がいくつか加えられていた。

具足の胸には鉄環が付いている。初期型は右か左の片方、後代だと両方の乳首の位置だ。「采配附の環」といって指揮を執るための采配の紐を結んでおく環で、ふたつの場合は一方が「手拭附の環」で、濡れ手拭いを結んだ。戦闘中に喉が乾いたら、手拭いをしゃぶって水分補給したのだ。

安土桃山期の胴鎧には、目立たないポケットが設けられた。「鼻紙袋」といい、ボタン付きのフタもある。西洋文化の影響で生まれた工夫で、実際には小銭や薬を入れていた。材質はラシャか織物または革製で、位置は脇あたりか草摺の裏に作る。ポケットができる前は甲冑の下に巾着を持っていたが、必要になってもすぐに出せなかったのである。

140

## 板物胴のバリエーション

### 横矧胴
よこはぎどう
鉄板が横並び。

### 縦矧胴
たてはぎどう
鉄板が縦並び。

### 鳩胸胴
胸部中央が尖る。

### 綴胴
とじどう
小札などで装飾。

### 威胴
小札と威毛付き。

### 甲冑胸部の環

采配附の環と手拭附の環と呼ばれる。どちらとは決まっていないが、片方に采配をぶら下げ、もう片方に濡れ手ぬぐいを縛る。手ぬぐいはしゃぶって水分補給をしたという。

---

関連項目

● 威毛→No.057/061/063　　● 当世具足→No.064/073

## No.066
# 南蛮胴は日本でさらに進化したのか

戦国時代に来日した宣教師が贈り物として持ってきた西洋の鎧に実戦
鎧の価値が見い出され、後に国産化、発展型の具足が考案された。

### ●舶来アイテムの改造は日本人のサガ？

秀吉や家康の時代に日本に入ってきた南蛮胴は、イタリア製の**ハーフ
アーマー**だろうといわれている（オランダ船員が所持していた）。

そうした品に日本鎧の付属品を取り付けて実戦で用いた。こうした「南
蛮具足」に目を付けた武将は日本人の体型に合う和製南蛮胴を作らせ、そ
こから新しい**当世具足**の一ジャンルができた。

西洋鎧のファンだった家康は、改造品・新造品合わせて複数の南蛮具足
を所有していた。日光東照宮に保管されている「南蛮胴具足」は改造品の
好例だ。袖はなく、**キュイラッソアーマー**のような２枚の長い草摺を持ち、
さらに小札の短い草摺が追加されている。胴鎧の素体は**キュイラス**かハー
フアーマーだ。兜は**モリオン**と思われ、眉庇と錣が追加されている。

和製南蛮胴系の具足に「仏胴」がある。仏像の胸部分が継ぎ目なしだっ
たことからそう呼ばれた。一枚板の胴のほか、横矧胴や縦矧胴など板物胴
の繋ぎ目を漆で埋めたものもある。家康お気に入りの「金陀美仏胴具足」
は全体に金色、兜は日根野頭形だが前立はおろか角元すらない。実用本位
にも見えるが、全体につるりとしてシンプルなのは金色を際立たせるため
かもしれない。「包仏胴」は織物で包んだ仏胴で、単調なため箔押しや蒔
絵などで装飾が施された。「打出胴」「裸体胴」は図形や文字を彫金したり、
裸体を模したもので、「仁王胴」は筋肉を造形してある。そのバリエーショ
ンに下腹の出た「餓鬼腹胴」「布袋胴」、穏やかな筋肉の「阿弥陀胴」（弥
陀胴とも）、「鳩胸胴」「肋骨胴」もその亜流だ。これら南蛮胴の系譜は刺
突に対して強いとされていた。加藤清正の「金小札色々威片肌脱二枚胴具
足」の胸部は筋肉が打ち出してある。なお「色々威」というのは3色か
それ以上の種類の威毛を使った場合の呼称だ。

142

## 南蛮胴の仲間たち

### 南蛮胴

輸入品の胸甲を流用。草摺は日本のものを付ける。

### 打出胴

仏胴の曲面胸部に装飾を打ち出した。

### 仏胴

鉄板数枚を張り、厚塗り漆で平らにする。一枚の鉄板で作ったりもするが、完全に和風。

**金陀美仏胴具足**

シンプルな仏胴の手本。オリジナルの西洋鎧を意識しており、装飾は兜の前立までを排除し、全身を金色でまとめている。

### 裸体胴

勇者の裸体を模した打ち出し。

**金小札色々威片肌脱二枚胴具足**

裸体胴の一種。半身をさらし、衣服部分は色々威で派手に装飾した。総面や籠手も蛮人を模した皺や筋肉が入っている。

### 関連項目

- ハーフアーマー→No.035
- キュイラッソアーマー→No.035
- キュイラス→No.035
- モリオン→No.047
- 当世具足→No.064/065

## No.067

# 畳具足や鎖帷子は廉価鎧だったのか

本式の具足には敵わないが、軽量だったり柔軟だったりコスパがよかったりと別なメリットのある甲冑も、戦国〜江戸期には多数あった。

### ●具足より小さく収納できる防具の数々

「魚鱗胴」はいわゆる**スケイルアーマー**だ。鉄製と革製の2種があり、仕上げも漆塗りと錆地（砂混ぜ漆）の2種がある。魚鱗胴は**当世具足**でたまに採用されたが、造りが近い防具として以下が挙げられる。

「骨牌金胴」は方形の金属片を鎖で繋いだ鎧で、室町時代には布の下地付きの旧式の骨牌金胴が存在していた。骨牌金は4〜7センチの板金で、中国から伝わってきた。この骨牌金を利用した「頭巾兜」という防具もあった。「亀甲胴」は方形ではなく亀甲型の鉄板を布に縫うか、骨牌金胴と同様に亀甲金を鎖で繋いだ胴である。

これらは「畳具足」と総称され、畳んで持ち運べる便利なものだが性能はそこそこで、廉価装備と考えられていた。畳具足は戦国時代の下級武士に人気があった。同じく「畳兜」もあり、その極みともいえる「提灯兜」は輪状の部品を連ねた兜で、平らに折りたたむことができた。

「鎖帷子」も簡易鎧の仲間で、西洋の**ホーバーク**のようなフード付き長袖上衣である。

レディメイドの廉価鎧は藩で大量に製造または購入されることもあった。江戸時代、それらはレンタル甲冑＝「御貸具足」と呼ばれた。御貸具足も含めて藩内の武士の装備は武具奉行がメンテナンスと修理を引き受け、普段は各城の天守にしまっておく。たとえば徳島藩の本城には、武将の具足100、畳具足100、足軽具足100ほどが保管されていた。

だが、平和な時代が続いたことと武家の凋落によって、幕末には藩主の鎧だけをどうにか管理するくらいになってしまった。

明治時代になると、甲冑や刀剣類のうち低価値なものは無用の長物となり、鉄クズとして処分されていった。

144

## 準具足ともいうべき廉価防具の数々

### 頭巾兜

### 骨牌金胴

### 亀甲胴

### 鎖帷子

### 提灯兜
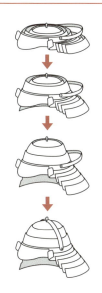

### 御貸具足

#### 関連項目
- スケイルアーマー→No.007
- ホーバーク→No.028
- 当世具足→No.064/065/073

## No.068

# 御家流と写しは軍団の権勢を表したのか

御家流は藩に資金力がないと無理だが、合理的であると同時に、現代またはSF作品の軍部隊マークかチームカラー的なスマートさがある。

### ●家中全員が同じ色や似た形の甲冑を着る

16〜19世紀、江戸時代の大名は藩主就任時にお抱え甲冑師に命じて甲冑を新調する習わしがあった。平和な時代に甲冑は必要ないのだが、実戦または式典向けの「働きの甲冑」と観賞用の「飾り甲冑」を拵える。飾り甲冑は美しい復古調デザインをチョイスすることが多かった。用途別に豪華な鎧を製作させたのも、16世紀以降の西洋貴族に通じるものがある。

鎧造りで有名な家柄というのもあって、伊達政宗は滅んだ北条家の甲冑師を呼び寄せて保護し、良質の甲冑を製造させた。「仙台胴」は高性能甲冑の代名詞で、政宗着用の黒一色の鎧に大半月の兜が有名である。

この伊達家や井伊家では「御家流」といって、一家一門で独自の甲冑スタイルを定め、デザインや色を統一していた。これには戦場での味方識別と士気高揚および団結意識のため、そして同じ甲冑師の下で量産させてコストダウンを図るという軍制上の事情があった。

伊達家一門はみな黒漆塗りの甲冑を用いた。彦根井伊家の「赤備え」は迫力がある。全身を朱漆で塗って兜は頭形兜を使用するが、当主のみ金の大天衝（巨大2本角）の脇立を用い、そのほかの藩士は大衝前立を付けた。威毛の糸は個人の好みでパーソナルカラーにできる。

また有名武将の家では「写し」といって先祖や藩祖の意匠を代々受け継ぐことも行われた。兜の**立物**が多いが、伊達家では半月、井伊家は天衝、黒田家では長政の「一ノ谷形兜」を写しとした。その長方板形の飾りは「義経の鵯越」の険しい谷を意味し、黒田家以外の源氏系の武家でも立物としてよく用いられる。ほかに徳川家ならシダの**前立**、本多家では鹿角、細川家では山鳥の尾、松平家の板屋貝の大立物がそれに当たる。当主が使用するこれら派手な前立の兜はSF作品のエース専用機に相当するだろうか。

## 有名武家の御家流・兜の写し

御家流 ＝ 一族一門で甲冑のデザインや色を統一すること。

写し ＝ 主に先祖の兜の立物を、代々の当主や一門が受け継ぐこと。

### 井伊家当主井伊直孝所用の甲冑

井伊家当主は代々、大天衝を兜の脇立に用いた。甲冑は朱塗り。

### 伊達家当主伊達政宗所用の甲冑

黒漆塗の鎧は伊達家のシンボル。兜の前立は政宗が三日月で、家臣たちは半月を用いた。

井伊家家臣の兜。当主に倣って天衝を前立としている。

黒田家代々の当主が用いた"一ノ谷形兜"。

### 関連項目

●立物→No.075　　　　●前立→No.075/077

## No.069

# 復古具足は金持ちの道楽だったのか

復古具足は、至高の芸術品を生み出すと同時に古くから受け継がれてきた日本鎧のすばらしい機能を奪った。その功罪は大きい。

### ●機能を殺して伝統の美と華麗な装飾を追求

「復古(調)具足」は江戸時代の平和を象徴するともいえる流行である。

第八代将軍・徳川吉宗の提唱によるもので、彼は昔の鎧を研究して「紺糸威大鎧」を作らせた。龍の前立で、錣の吹返には宝珠を彫金し、鎧の各所に葵の紋をあしらうという豪華なものだった。

これを見た各地の有力大名らも、将軍に倣って復古具足を作らせた。

その後、**江戸時代**中期から後期にかけて、多くの甲冑師たちが大名に召し抱えられた。彼らは古い記録をあさって甲冑遺物の修復やコピーを行い、一族は弟子を多数取って繁栄したという。

こういうことがあったので、江戸中期以降の甲冑は著しく実用性が低下したといわれている。その中には本当に飾り物としてしか使えないようなものもある。戦場での実用性や必要から生まれた機能のうち、美観を損ねるような部分は削除され、華麗さや奇抜さばかりが追求された品が増えたのだった。

しかし、おかげで甲冑の品数自体は増加した。具足は実戦装備から工芸品もしくは儀礼用の衣装に変わった。美術品としても高い価値を備えるようになり、また特に海外で広く知られ、評価されるようになった。だからこそ、国外に流出したのもこの時代の作品が多い。

本来、主君の鎧は危険な戦場で先頭に立つための絶品であるはずだった。代々の徳川将軍も、備えとして実戦向けの質実な鎧を所有していた。が、いくら高性能の具足であっても、もはや鉄砲に敵わないのは明白だった。

外国との接触もあって近代化していく日本の軍制の中で、甲冑は過去の遺物と見放されるようになる。

148

## 将軍の飾り鎧とそれを真似た大名

### 紺糸威大鎧

八代将軍吉宗が威信を賭けて作らせた。

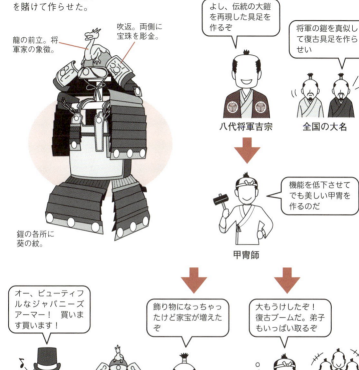

龍の前立。将軍家の象徴。

吹返。両側に宝珠を彫金。

鎧の各所に葵の紋。

よし、伝統の大鎧を再現した具足を作るぞ

八代将軍吉宗

将軍の鎧を真似して復古具足を作らせい

全国の大名

機能を低下させてでも美しい甲冑を作るのだ

甲冑師

オー、ビューティフルなジャパニーズアーマー！ 買います買います！

金持ち西洋人

飾り物になっちゃったけど家宝が増えたぞ

大名

大もうけしたぞ！復古ブームだ。弟子もいっぱい取るぞ

こうして復古具足は当世具足の能力を総体的に低下させたが、世界に認められる芸術品が誕生したのだった……。

### 関連項目

● 江戸時代→No.070

## No.070

# 幕末の混乱期に武士は鎧を着ることができたのか

幕末期には各地で戦乱が再発し、防具のニーズがにわかに激増した。
だが、長い平和な時代は甲冑に関する技術と知識を忘失させていた。

### ●甲冑と武士の時代の終焉

その時代、鎧の多くは武士階級の没落で失われ、侍たちは具足の手入れ
や着用法を忘れてしまっていた。そもそも**江戸時代**中期以降『単騎要略』
など甲冑着用ハウツー本が出回るほどの状態にはなっていた。

余談だが、当世具足は基本的にはひとりで着用できるようになっている。
鎧武者は最小で従者ふたり（槍持ちと旗持ち）を連れて戦場に出た。**プレー
トアーマー**の騎士ひとりの出陣に、10名もの従者の手助けが必要だった
西洋の実情とは大違いだ。

さて戦乱が起こった幕末期、鎧を新造しようにも甲冑師が足りず、鍛冶
屋や革加工師はもちろん、八百屋や魚屋でさえ下請け仕事に駆り出される
ほどになってしまった。そのため幕末の鎧には粗悪品が多く、旧来品の修
理も杜撰だった。それでも伝統にこだわって戦場では鎧を着たいと望む武
士のニーズに応え、革小札に漆を厚塗りした「空小札の鎧」が量産された。
結局、これは使い物にならないと判断されたが、明治の世になって神風連
の乱（1876年）で玉砕する国粋主義者たちが着用した。

薩摩では兵士用の「煉革鎧」が製造された。奈良〜平安初期に朝廷の兵
団向けに量産されたものの復刻だ。空小札鎧とどこが違うのか、こちらは
実戦で有効性が証明され、軽さが売りだった。

ほかに幕末によく用いられた防具として「前掛胴」がある。胴と草摺3
枚だけの、まるで**腹当**のような簡易装備で、籠手と脛当に佩楯を穿いて戦
場へ出た。「陣笠」は昔からずっと使われている漆で固めた帽子だ。本来
は雨具で、鍋にも盾にもなる。三角型のは兵士向け、武士は平らな帽子型
の陣笠を用い、鎧の上に「陣羽織」を着たが、これも防具というよりは防
寒具である。

## 天下太平の世で武士たちは具足の着け方を忘れたのか

### 甲冑の着方

西洋鎧と同じく下から上へと装備を着けていく。

最初に脛当を着け、佩楯を穿く。

籠手に腕を通す。

胴を着ける。

袖を装着。（大小の刀を結わえる）

頭に布を巻き、兜を被る。

### 前掛胴

幕末に使われた甲冑。簡易な胴鎧として武士や足軽などが着ていた。

### 陣笠

平らなのが武士や役人向け。三角笠は足軽向け。

関連項目

- プレートアーマー→No.039
- 腹当→No.060
- 江戸時代→No.069

## No.071

# 星兜とはどんな兜だったのか

製造技術の未熟さから肉厚で重たい兜になったが、頑丈さには定評があり、後世のスマートな兜より信頼性が高い。そんな男らしい兜だ。

### ●接合鋲を星に見立てた名称

　古代から使われていた**衝角付冑**は、12世紀後半に「**星兜**」に進化する。星というのは兜に打たれた鋲のことで、飾りにもなっている。最初は「厳星兜」といってスパイク状の大きな鋲が付いていたが、だんだん小さくなっていく。星兜の鉢は10枚以上の鉄板を鋲（星）で接合したもので、使用された鉄板の枚数が名称に冠されることが多い。「十間」なら10枚使用という意味で、数十枚使用なら細長い板が上下に分かれた板を使用している。星兜の天辺には直径5センチほどの丸い空洞があり、そこに「八満座」という輪を付ける。頭頂部には神が宿るという因習に従った構造だ。この鉢に錣が付属して兜は完成する。当初は鉄むき出しだったのが、後には革か布で内張りするようになった。なお、鋲周りに篠垂という装飾兼補強が施されることもある。顎紐は忍緒と呼ぶ。

　時代とともに鉄板の枚数は増えていくが、それを留める鋲も増加し、そのために小型化していく。板同士を二重三重に重ねて防護力をアップし、板の間に隙間を作ってスペースドアーマーの原理で強度を増す工夫もなされた。信頼性の高い兜となった反面、重量も相当なもので、戦闘直前までは被らなかったという。

　星兜の錣は、古代兜のそれとだいぶデザインが異なる。大鎧に合わせて4〜5段の小札製になり、錣の正面に折り返しができた。これを「吹返」という。平安〜鎌倉前期までの錣は裾が広がり、後頭部や肩を覆うほど大きい。杉形錣といい、ソバージュのセミロングヘアのような形状だ。

　騎馬武者に愛用された星兜だが、徒歩戦闘が主体になっていくと、星兜の全盛期は終わりを告げる。ただし良質の兜には違いなかったので、その後は小星兜として存続した。

152

## スパイク付きの勇ましい古強者

### 星兜

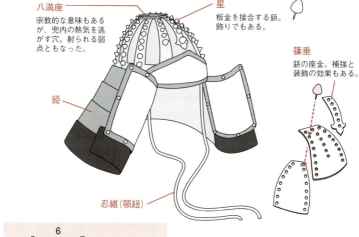

**八満座**
宗教的な意味もあるが、兜内の熱気を逃がす穴。射られる弱点ともなった。

**星**
板金を接合する鋲。飾りでもある。

**篠垂**
鋲の座金。補強と装飾の効果もある。

**錏**

**忍緒（顎紐）**

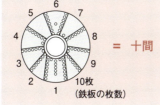

= 十間

（鉄板の枚数）

**小星兜**

### 杉形錏

兜の防護板を折り返す"吹返"のあるのが日本兜の大きな特徴となった。初期の錏は鉢から緩やかに広がって垂れ下がる形状だった。

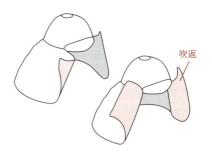

**吹返**

---

**関連項目**

● 衝角付冑→No.053　　　● 星兜→No.072/073/075

## No.072

# 筋兜は星兜の進化形だったのか

馬乗なら重い兜でも何とかなるが、徒歩となると防具の軽量化が必要不可欠となる。筋兜にはそんなニーズも存在したと思われる。

### ●一定の評価を得て改良され続けた実戦兜

鎌倉末期に普及した兜といえば**筋兜**である。その時期には筋兜に**胴丸**というスタイルが武士の間での流行だった。筋兜は旧モデルの星兜と構造は似ているが、鋲は打ち潰され、縦に何本も凸筋が入っている。時代は徒歩での戦闘、白兵戦が中心になっており、筋は敵の刀の攻撃を受け流すための措置だった。16世紀西洋鎧の**フリュー**(溝)と同様、強度を上げるとともに軽量化にも貢献していた。

筋兜は製作に高度な技術を要する高級品だったが、「鉄板は薄く鋲も細いために強度はいまひとつ」と評価された。筋を増やすことで以後も存続はするが、室町時代(14世紀)にはその改良版として、阿古陀形兜が台頭する。南瓜型をしたその兜はふくらみがあって着用しやすいと評判だった。しかし、やはり薄鉄で拵えたもので、強度はそれほどではなかった。

鎌倉後期から南北朝時代には、側頭と後頭部を守る錏にも変化が見られる。これも騎馬戦から徒歩戦に変わった影響で、「笠錏」といってシイタケのように広がった形状になった。徒歩戦ではとかくスタミナを消費するので、軽量化のために錏を小型化した筋兜も出回っていた。

ちなみにこの時代、武士は髻(古いタイプのちょんまげ)を揉烏帽子で包んだ上にドーナツ状のクッションを置いてから、兜を被っていた。適当なクッションがないと、兜を被っていても殴られた際に衝撃で昏倒することがある。兜の下に烏帽子を被らない者もいるが、当時の男子は必ず被り物をする習わしだった。現代でいえばパンツを穿くくらいの感覚である。

それから、室町時代後期あたりから兜の鉢裏に兜鍛冶の名や製造年などを刻む習慣ができた。兜鍛冶は甲冑師の下で働いていたのだが、室町時代には地位が向上したということを意味する。

## 軽量で丈夫な筋兜と阿古陀形兜

### 筋兜

**筋**
鉄板を折り返して立てたもの。

**鋲**
筋兜では打ち潰してあって見えない。

**錣**
この時代の錣は笠が広い。吹返も大きい。

**座布団**
緩衝材。髻の上に置いてから兜を被る。

### 笠錣

室町時代の錣で笠のように広がっている。矢より刀剣から防御する目的で変形した。

### 阿古陀形兜

筋兜の改良版。室町期に生まれ、長く愛された。

・製法は筋兜と同じで、鉢に筋がある。
・ふくらみがあって着け心地がいい。
・このモデルは眉庇があり錣が小さい。

### 関連項目

● フリュー→No.032
● 胴丸→No.059
● 筋兜→No.073

## No.073

# 戦国時代の兜にはどんなものがあったか

筋兜の後に登場した形兜は、量産が容易な廉価品でありながら性能は
よかった。変わり兜のベースともなった戦国時代を代表する兜である。

### ●製鉄技術と鍛冶の発達が産んだ板金兜

**当世具足**の時代にかけて従来の**星兜**や**筋兜**、それに南北朝時代(14世紀)
から登場した**形兜**がよく採用された。形兜というのは何かを象った兜を
意味する。何種類かあるが、形兜の仲間はだいたい3〜5枚の鉄板で鉢が
構成される。それまでの兜より造りが簡単で量産が可能だったので、人気
があった。そして形兜をもとにして多様な**変わり兜**が作られた。

形兜系で一番メジャーなのは「頭形兜」だろうか。頭の形に合わせた
兜という意味で、鉢の全周に眉庇が付くこともある。「突盔形兜」は台形
鉄板で組み上げ、眉庇を付ける。関西地方で流行したモデルだ。「桃形兜」
は2〜4枚の鉄板を合わせ、頭頂をヤットコでつまんで桃型にしてある。
これも関西で流行ったが、南蛮兜(鶏冠のある兜)の影響を受けたのではな
いかという説もある。これらはすべて鉢に錣を付けて完成となる。

地域性のある"ご当地兜"の例として「雑賀兜鉢」を挙げる。その名の
通り雑賀(和歌山県)の甲冑師が好んだ。古墳時代後期の兜を模したもので、
7〜8枚張の筋兜である。雑賀とは別に、江戸時代後期には復古調がブー
ムとなり、古臭いデザインの兜が新造され、鎌倉時代のような大きな錣が
取り付けられた。その俗称を「饅頭錣」という。

なお、新造でなく造りがいい昔の兜をリサイクルすることもあった。

南北朝時代から多くの兜には内張りが付くようになった。ただ革を張っ
たという意味ではなく、詰布をした上に革張りしたり、兜内部に空間を作っ
て鉢と内張が浮かぶ構造にした。一番高度なのは十字の牛皮を内側に渡す
技法で、現代のヘルメットと同様の構造だ。これで受ける衝撃がだいぶ減
少し、より快適に被れるようになった。戦国時代からは、兜内側のスペー
スに小さな仏像や護符を入れる者も出てくる。

## 形兜——新世代の戦場兜

> 形兜(なりかぶと) = 何かを象った兜という意味。
> 頭形兜(ずなり)も桃形兜(ももなり)も同じ形兜の仲間。

### 頭形兜

- 板金数枚で構成。
- 眉庇付き。
- 錣も曲げた板金で作ることがある。

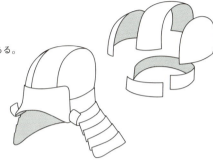

### 突盔形兜

- 18枚の台形板金で構成。
- 頭頂がやや尖っている。

### 桃形兜

- 4枚の鉄板を組み合わせる。
- 頭頂をつまんで閉じる。

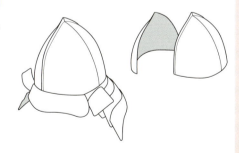

### 関連項目
- ●当世具足→No.064/065
- ●星兜→No.071
- ●筋兜→No.072
- ●変わり兜→No.074/075/076/077
- ●形兜→No.076

## No.074

# 武士たちはなぜ兜にこだわったのか

西洋兜にもたまにユニークなデザインのものがある。しかし日本ほど兜にこだわりを見せ、多種多様な兜を残した国は世界に類を見ない。

### ●現実的な理由と死へのロマン

戦国時代の武士はことさらに兜にこだわった。兜はそもそも武士という身分を表す戦場のマストアイテムだ。（死体から剥いだ兜は例外として）一定以上の身分の者が被ることを許されていた。

当時は**変わり兜**という奇抜なデザインと派手な**前立**が流行していたが、その一番の理由は目立つためだった。集団戦が行われる中で、戦場での功績に応じた報償を得るためには、同僚や上司に自分の存在をアピールしなければならない。背中に旗を立てるなどの方法もあるが、戦場では兜で個人を判別するのが早道だった。

敵を討って首を持ち帰る場合も「兜首」なら大きな手柄と見なされる。自分の論功行賞（功績の査定）と戦死時の首実検（本人確認）のために、兜は必要だった。威勢のいい兜には、自身と仲間の士気を高揚させる効果もある。兜のみならず変わった鎧や派手な鎧を着る動機も同様だ。

安土桃山時代以降は武家文化が開花し、美意識を前面に押し出した兜も登場する。目立つためという浅い動機だけでなく、戦場でパッと散ることを美徳とし、自分を討ち取る敵への礼儀として美麗な甲冑を纏うという心意気である。こうした独特の感覚は、日本人でなければ理解できないかもしれない。

ちなみに目立つ甲冑を好む者がいれば、逆に隠密任務や生き残りのために目立たない装備で戦う武士もいた。目立つと弓や鉄砲で狙撃されやすくなるので、目立たないというのも合理的である。古くは壇ノ浦の戦い（1185年）で、源義経は目立たない格好で参戦したと伝えられる。ただし、この話は事実かどうかわからない。

## 日本では兜はこんなに重要だった

乱戦の中での働きを仲間や上司に見てもらう。

よう見えるわ。真面目に戦っておるな

敵への情け。自分が戦死しても兜首は手厚く扱われる可能性がある。

弔ってやってくれ

首実検の時の本人証明になる。

この兜は敵の大将に間違いない。あっぱれなり！

### ✤ 兜の交換

　兜は武士にとって深い意味を持つ道具だった。それを示す興味深いエピソードもある。たとえば、武士は戦友と兜を交換して戦うことがあった。そうすれば乱戦の中でも互いを見失うことなく援護ができるからだ。転じて友好の証として兜交換をすることもある。たとえば、黒田長政と福島正則は仲直りの印として兜を交換した。かつて仲がよかったふたりは朝鮮出征で共闘したが、行き違いがあって不仲になる。しかし帰国後に旧交を思い出して兜を贈り合った。黒田が「大水牛脇立桃形兜」を、福島は「一ノ谷形兜」を贈った。

　蒲生氏郷は信長と秀吉に仕えた武将だが、彼は陣中で配下の者たちに「この中の誰かだと思うが、銀の鯰の兜（細長い烏帽子型の兜）を被った武者がいつも最前線で戦っている。そいつに遅れを取るな」と発破をかけていた。実は、その銀鯰兜の武者とは氏郷自身のことだった。ちなみに彼は燕尾形兜と黒づくめの魔王のような凄い具足を所有していたことでも有名だ。

　蛇足ながら、黒鎧といえば伊達家が有名だが、政宗の甲冑があのダースベイダーのモデルになったといわれる。

---

関連項目

● 変わり兜→No.075/076/077　　●前立→No.075/077

## No.075

# 兜の飾りにはどんなものがあるのか

「立物」とは兜飾りの総称だ。戦国時代前後から装着位置によって前立（額）、脇立（側方）、後立（後方）など種類が増えた。

### ●前立に脇立そして付物

　兜の飾りは鎌倉時代に普及した星兜から盛んになったが、当初はシンプルなＶ字の金属板「鍬形」だった。後には中央に剣形を配した三鍬形が流行する。集団での白兵戦に移行する前の時代には普通の武士が兜を飾り立てる必要はなく、本来は武士団のリーダーだけが付ける印だった。

　その後、集団戦に移行し、世が乱れて下克上が当たり前になると、誰もが兜に鍬形を付けるようになった。そして戦国時代には、**変わり兜**が増加したように、趣向を凝らした**前立**が見られるようになる。

　鍬形は固定された飾りだったが、代わって額部に前立用の台座金具「角元」が設けられるようになり、そこに好みの前立を装着するようになった。

　変わり兜はよほどの目立ちたがり屋か懐に余裕がないと注文できないが、オリジナルの前立は気軽に用いることができただろう。乱戦の中での個人識別のために必要なことでもあった。

　鍬形の後に流行した前立は「三鈷」である。古代インドの武器で仏教法具をモチーフとして、仏の加護も期待した。戦国時代には日輪・半月・三日月などが流行した。また左右に牛角を付けた兜もよく見られる。そのほか、モチーフのジャンルとしては神仏や宗教文言、動物、植物などが多い。

　前立は金属製が多く、軽く作るために割と壊れやすい。たいていは予備が用意されており、角元がバネ仕掛けになっているので交換も楽だった。立物のうちとても大きなものは「大立物」と呼ばれる。

　立物以外だと「付物」という覆いもある。羽毛や獣毛を鉢や錣に被せるのだ。装飾であると同時に雨露から兜を守るもので、兜簑とか腰簑（錣の毛）とも呼ばれた。上頭巾も付物の一種で、革や和紙の覆いを兜に被せる。

160

## 鎌倉時代から戦国時代までの兜の飾り物

### 鍬形と三鍬形と三鈷

鍬形がもっとも初期に、次に三鍬形が将の兜飾りとして流行した。仏教と関係の深い三鈷も流行していた護符代わりのモチーフ。

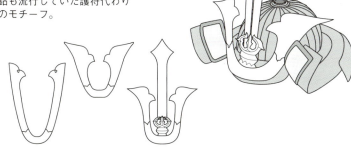

### 日輪の前立

日輪は全国で好まれたが、上杉一門でも愛用された。

**付物(上頭巾)の例**

黒漆塗張懸兜（織田信雄所用）。鉢上に和紙で飾りを作り漆で固めた飾り。

**付物(兜簑)の例**
くまげそうごうなりかぶと
熊毛総髪形兜（後藤基次所用）。全体に獣毛を植えた。前立は当時流行の獅噛。

**頭立の例**

越中頭形兜（細川忠興所用）。山鳥の尾毛を兜の頂に立てた。細川家の「写し」（代々のシンボル）でもある。

---

**関連項目**

●変わり兜→No.074/076/077 　　●前立→No.077

# No.076
# 変わり兜にはどんなものがあったのか

変わり兜には多くの種類があるが、よく見れば兜自体の形状を工夫したものと、普通の兜に派手な前立など立物で装飾したものがある。

## ●ゼロから作り上げた変形兜の数々

**変わり兜**のうち、ここでは兜の形状を工夫したものを中心に取り上げる。

背の高い烏帽子型の兜は「鯰尾**形兜**」か「烏帽子形兜」というが、多くの武将が採用している。前田利家と加藤清正が有名で、清正は長烏帽子の左右に蛇の目紋を入れ、日蓮宗の題目を記した**前立**付きの兜を愛用した。兜の高さは70センチを超え、清正のシンボルともなっている。

黒田長政は甲冑のエピソードに事欠かない武将で、多くの兜を所有していた。朝鮮出兵時は大きな水牛角を付けた桃形兜の武者として怖れられたが、その主君たる徳川家康も彫刻入りの水牛角兜を用い、関東の猛牛と呼ばれていた。家康は長政に徳川家のトレードマークである金色のシダの前立を付けた銀箔の南蛮兜も贈っている。家康は南蛮甲冑愛好家で、この兜は西洋から輸入した**キャバセット**兜に錣と**立物**を追加してある。さらに黒田家代々は、長政を偲んで「一ノ谷形兜」という奇妙な兜を用いている。

傾き者として現代に知られた前田慶次は「編笠形兜」という円錐型の兜を使った。「黒漆塗燕尾形兜」は南部利直の兜だ。垂直に長角を2本生やした奇抜な兜だが、全体は獣革の漆塗りで眉庇と錣にだけ鉄を用いている。蒲生氏郷もほぼ同型の燕尾兜を使っていた。竹中半兵衛は魚鱗札の鎧に合わせ、魚類をイメージした「唐冠形兜」を持っていた。

そのほか、「鉄一枚張南蛮鎖兜」は鉢を一枚板から打ち出し、鎖帷子を被せてある。前立のムカデは毘沙門天の使いとされ、後退しないことから武士に人気だった。「鉄錆地栄螺形兜」も鉄板を裏から打ち出してサザエを造形した珍しい変わり兜だ。サザエの兜とは凄い発想だが、海棲生物をモチーフにした兜や立物は全国に多く、エビ、カニ、シャチホコ、イカ、タコなどが挙げられる。

162

## 戦いで不利になるのではと心配になるレベルの兜たち

### 水牛角とシダの前立
（黒田長政所用）

角兜も割とメジャーな部類。徳川家康も同じ意匠の兜を用いた。

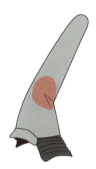

烏帽子形兜
（加藤清正所用）

鯰尾形兜
（前田利家所用）

ともに背が高い。目立つので、割とよく見られる兜。

### 唐冠形兜
（竹中半兵衛所用）

中国の冠を模してはいるが、魚鱗鎧に魚類兜のセットである。

編笠形兜
（前田慶次所用）

有名人の変わり兜ではあるが地味。

### ムカデ兜とサザエ兜

動物を模したユニークな兜も多い。

### 海棲生物の兜

島国のためか、海の生き物も割とよく見られる。

---

**関連項目**

- ●キャバセット→No.047
- ●形兜→No.073
- ●変わり兜→No.074/075/077
- ●立物→No.075
- ●前立→No.075/077

## No.077

# 前立には武士のさまざまな思いが込められたのか

派手な前立は兜の定番アクセサリー。さらに背中に旗指物を背負って自己主張。武士たちは立物や指物にどんな思いを込めたのだろうか。

### ●前立に凝るだけでも十分に自己アピール

　立物（たてもの）には神仏の守護を願っての願かけの意味合いや、個人のモットーの主義主張、敵に対する威圧や挑発の意味があった。目立つために金銀の箔を施すケースも多い。

　愛や毘とか仏教の梵字、仏像などを前立（まえだて）にするのは定番だ。龍の頭や獅噛（しかみ）と呼ばれる獅子（しし）の頭も多いが、それらは仏教とも関係が深かった。上杉謙信は信仰にまつわる**前立**を好んだが、彼が所有した「三宝荒神形張懸兜（さんぽうこうじんなりはりかけかぶと）」には驚かされる。兜の前と左右にまるで鬼のような──朱・黒・青緑の漆で彩った三宝荒神を配したのだ。

　佐竹義宣（よしのぶ）の「黒漆塗七十二間筋兜」は俗に「毛虫の兜」と呼ばれている。佐竹氏の先祖は源氏なので語呂合わせ、毛虫は葉を喰う＝刃を喰う、そして後退することがない、などの理由から毛虫が前立になっている。義宣は黒づくめの服を着て覆面を被り（両親のケンカの仲裁で顔に大火傷を負った）、京五人衆という女たちを侍らせるなど奇行が目立つ人物だ。その父も毛虫前立を用いたが、全裸で敵陣に突撃したという逸話が伝わっている。

　「兎耳形兜（うさぎのみみのなりかぶと）」は桃形兜に兎耳を付け、顎・眉・耳に植毛までしてある。兎耳兜は割と人気で、その理由は月神信仰にある。松平康重の「板屋貝前立付日根野頭形兜」は板屋貝の前立だ。「日根野頭形兜（ずなりかぶと）」は戦国～江戸時代に**変わり兜**のベースとして大流行したモデルのうちのひとつだった。

　高塩家伝来「黒漆塗六十二間小星兜」は大根の前立だが、これは意味不明とされる。郷土の特産物アピールなのだろうか。

　極め付けは「麒麟前立付兜」だ。前立は幻獣の麒麟、脇立（わきだて）に朱塗り水牛角、さらに巨大な角の指物を背中に背負う。天台宗の高僧で徳川家康の側近だった天海の兜だが、これだけ大がかりだと実用的な兜とはいえまい。

164

## 奇妙な前立の数々とその意味

### 信仰系
戦勝祈願・護身・信条の意味で用いる。仏像、般若心経の文言、真言や梵字、上杉謙信が用いた「毘」、直江兼続の「愛」など。

三宝荒神。上杉謙信の兜。前と左右の立物金具を使っている。

### 幻獣
勇敢さ、強さ。龍の頭、獅噛。仏教とも関係深い。大小の角と麒麟。

### 一部の昆虫
「後退しない」との意味。トンボ（勝ち虫）、ムカデ。

毛虫（佐竹義宣所用兜の前立）は毛虫が後退しないとして用いた。

### 獣角
勇猛。鹿角、水牛角、サイの角。脇立として採用される。

### 動物
さまざまな意味。牛、犬、猿、熊、兎、鳥、鬼、象鼻、蛇、蝶、蝉、鯰、巻き貝、ホタテ、ハマグリ、アワビ、タコ、カニ、ナマコ、シャチ、エビ。頭や翼を模す。

兎耳形兜。月神信仰によるもの。

### そのほか
太陽、月、火炎、大波、雲、吹雪、渦巻、富士山。手桶、臼、竹箒、酒杯、位牌。

板屋貝。松平康重の兜。

---

## ✥ 旗指物

背中に縦長の旗を立ててアピールすることもあった。旗に家紋が描かれることが多いが、団扇・唐傘・鹿角・五輪塔・釣鐘・将棋の駒・吹流・三日月・天衝などさまざまな形状のアイテムを担ぐ者がいた。

---

### 関連項目
- 変わり兜→No.074/075/076
- 立物→No.075
- 前立→No.075

# No.078
# 部位防具の総称は小具足だったのか

小具足とは、甲冑（鎧と兜）以外の防具の総称である。具足といえば当世具足の略称だが、小具足と具足はまったく意味が違う単語だ。

## ●日本鎧の腕と足の防具──籠手と脛当

　小具足という言い回しはかなり昔から使われてきたが、平安から鎌倉時代の部位防具について見ていこう。この時代に日本鎧は完成の域に達したが、小具足も同様である。

　籠手には「手を籠め包む」という意味がある。通常は両手にはめるが、鎌倉中期～後期までの騎馬武者は籠手を左右だけに装備した。これを「片籠手」という。弓を射る時には左手を前側に出し、右手で弓を引く。左が前の半身体勢になるので、右手に籠手を着けると不自由だったためだ。この習慣はもちろん徒歩戦の時代には廃れるが、一部の武将は格式を重んじ、陣地では片籠手でいるのを好んだ。

　一般的な籠手は肩までを覆う布をベースに、手甲部など要所に鉄か革の板を縫い付けた構造だ。全金属製で手先から肘までを覆う筒型籠手も作られた。鎌倉末期には鎖帷子製の籠手「鎖籠手」が出回り、室町時代には「篠」という鉄線を編み込んだ筋を通した「篠籠手」などが主流になった。

　特徴のある籠手としては、手甲の先が丸くナマズに似た鯰籠手、その仲間に瓢籠手があり、袖が付属した毘沙門籠手や産籠手というのもあった。

　当世具足の時代になると、籠手は進化した。2センチほどの亀甲型板金を繋いだタイプや、鎖・布・革など複合素材の高性能なものが出回った。

　脛当は古代から使われている「筒脛当」が人気で、正面と左右の3枚の金属板(または革板)を蝶番で繋ぎ、紐で上から縛っていた。これに後方、つまりふくらはぎを守る板金「臆病金」が追加される場合もあった。籠手と同様に「鎖脛当」「篠脛当」があり、後には篠・鎖・亀甲などすべてを盛り込んだ「産脛当」も登場した。「大立挙の脛当」というのは膝まで延長して膝パッドを追加した脛当のことである。

## 初期型の籠手と脛当

### 鎌倉～室町時代ごろの籠手

騎馬武者は左手だけを装着したので、最初から片手分しか作らないこともあった。

### 当世籠手

籠手も当世具足の一部とされた。バリエーションは多い。

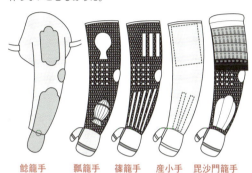

鯰籠手　瓢籠手　篠籠手　産小手　毘沙門籠手　鎖籠手　筒籠手

### 脛当

古代のものは小札製だったが、板金製が主流になる。

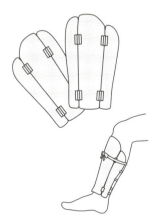

### 脛当のバリエーション

当世の脛当では素材の変更などが目立つ。鎖や篠の活用で軽量化された。

鎖脛当

篠脛当

亀甲脛当

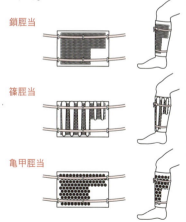

**関連項目**

●小具足→No.079

## No.079
# 面具やその他の小具足にはどんなものがあったか

湿度が高いせいか、日本ではフルフェイス兜は流行しなかった。しかし顔を守る必要はあり、まず室町時代に面具が普及した。

### ●兜の補助や代用品となる面具

多くの面具は鉄か革、または牛革の積層を膠で固めた練革という材質で作られている。さらに漆塗りして保護・強化してあった。

種類はいくつかあるが、「半首」は頬と額を守る**小具足**だ。兵士向けだが、武将が兜の下に着けることもあった。「額当」は額だけ守る装甲鉢巻きだ。顔全体を覆い、首元までを守るのが「総面」または「惣面」で、鉄面に漆を塗って仕上げ、金属の歯など威圧的な装飾が付くこともあった。

顔の下半分から首までを守るのが「半頬」で、その仲間には尖ったマスクの狐頬や天狗頬などがある。これは戦国期になって「面頬当」「頬当」に進化した。細かくは顎と喉を守る「越中頬」や頬まで守る「燕頬」、目の下から喉まで守る「目下頬」などがある。

喉輪、曲輪、襟輪、垂は喉を守る防具で、半頬などと併用したが、戦国期には「須賀」という首前面を広く守るよだれかけ型防具に進化した。

### ●籠手と脛当以外のマイナーな小具足

**大鎧**の時代に脇楯と呼ばれていた、胴鎧の引き合わせ部分を守る防具は「脇当」という脇の下に着ける小さな防具となった。鎌倉時代に使われ、後に忘れられた小具足には「貫」がある。古い絵画などで見られる印象的な毛皮の足カバーだが、下馬して戦う徒歩戦では無意味な装備となってしまった。同じく「甲懸」は室町期の足甲だが、これもマイナーな防具だ。

腰回りにも変化がある。室町時代に鎧の草摺は小さくなり、そのために大腿部が無防備になった。そこで考案されたのが「佩楯」である。麻布に小札を縫い付けたズボンで、ズロースというかカボチャンパンツ型をしていた。当世具足には欠かせない小具足である。

168

## 面具・当世具足に含まれる部位防具

### 半首

古くから使われているヘッドギア。身分を問わず手軽に使えて無難な防護力を得られる。

### 目下頬

兜だけでなく顔の下半分と喉をガードする面具を着ければ万全。

### 総面

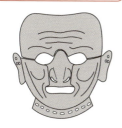

### 脇当

### 佩楯

草摺の下に穿く小札を縫い付けたズボン。太股を守る。

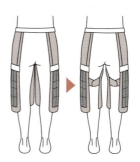

**関連項目**

- ●大鎧→No.056
- ●佩楯→No.070
- ●小具足→No.078

169

## No.080
# 足軽はどんな装備をしていたのか

平安時代以降の雑兵は自前の装備か、武将が用意した簡易鎧などで戦場に出ていた。粗末な装備であっても手強い相手だったらしい。

### ●山野でのゲリラ戦——騎馬隊を襲う野伏

室町時代（14世紀半ばごろ）、一個部隊は（例として）騎馬武者60騎＋**徒歩武者**50名で編制されていた。この時代、徒歩戦・白兵戦に移行したが、それでも死傷者の2／3〜3／4は矢によって発生していた。軽装の歩兵・弓兵が「野伏」として丘や民家の屋根に隠れて騎馬隊を奇襲するのが定石だったのである。

15世紀になると槍部隊が編制され、騎馬隊と衝突するようになる。戦いを有利に運ぶために槍はどんどん長くなり、やがて5メートルにも達した。織田家の部隊の槍などは8メートルにまで延長された。足軽の防具は不揃いな腹当のみで、運がいい者は戦場で拾った鎧や兜を使った。

16世紀の雑兵は陣笠、脇差、横矧胴、裾板、脚絆などを着けるようになった。余裕のある武将なら、量産装備を配ることも可能だった。

戦国鎧といえば材質は鉄や革だが、漆塗りした和紙製の胴丸も用いられた。そればかりか兜・鎧・籠手・脛当などすべて紙製の具足も残っている。中国にも**紙甲**を多用した時代があったし、紙の防具といっても馬鹿にはできない。

なお、日本の武士や足軽は、昔から携行食や雑貨、修理道具を各自で持ち歩く習慣があった。筒状に縫った「打飼袋」を帯のように腰に巻くのである。ゲリラ戦が瀕繁に発生した日本ならではの装備で、鎧武者は西洋騎士と違って長時間の作戦行動が可能だった。

朝鮮出兵に参加した加藤清正は米三升（5.4リットル）、千味噌、銀銭300匁（約150万円）を持ち歩いていたという。誇張もあるかもしれないが、遠征だというのに、これはかなりの重量だったはずだ。

## 時代ごとの雑兵や足軽の防具

山野が多い日本でゲリラ戦を展開する雑兵は馬鹿にできない存在。食料なども携行し、長時間の活動が可能だった。

### 騎馬隊に対抗した雑兵隊

- 長槍
- 形兜
- 前掛胴
- 脇差

15世紀：槍兵隊

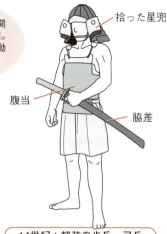

- 拾った星兜
- 腹当
- 脇差

14世紀：軽装の歩兵・弓兵

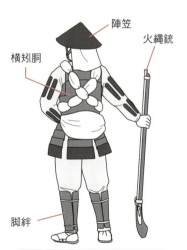

- 陣笠
- 横矧胴
- 火縄銃
- 脚絆

16世紀：廉価防具を着た歩兵隊

### 関連項目

- 徒武者→No.059
- 紙甲→No.088

## No.081

# 姫武者の甲冑は実在したのか

平和な時代には子息（幼児）や女子向けの甲冑も作られた。西洋でも
同じ意図で製作された幼児向けのプレートアーマーが存在する。

### ●オークは出てこない現実世界の武勇談

まず現実的な話をすれば、大名の娘のためにオーダーメイドされた甲冑
は現存する。何かの記念か嫁入り道具として仕立てることがあり、たとえ
ば伊達家では嫁を迎える記念として立物なしの黒甲冑を、真田家では姫専
用の日輪兜の魚鱗鎧を、井伊家では弥千代姫のために可愛らしい天衝前立
がある赤鎧を作らせている。だが、これらは**飾り甲冑**の域を出ない。

では、本当に戦った女武者の鎧というのはあったのだろうか。

愛媛県の大山祇神社には、伊予の水軍一族の鶴姫が大三島合戦（1531年）
で使ったとされる鎧が保管されている。当時18歳だった姫の正式名は大
祝 鶴、鎧は「紺糸裾素懸威胴丸」という。

それは胸部が膨らみ、ウェストが締まっている小振りなもので、女性用
の甲冑に見える。これにインスピレーションを得た作家、三島安精が『海
と女と鎧　瀬戸内のジャンヌ・ダルク』という小説を発表し、鎧姿の鶴姫
の肖像も描かれた。結果、全国的に有名になり、神社側もその鎧が鶴姫の
ものだと見解を発表した。ちなみに大山祇神社は日本最古の鎧である「延
喜の鎧」をはじめ、多数の国宝級甲冑を所蔵していることで有名だ。

ところが多くの研究家はこの説を否定し、鎧は女性向けのものではない
と結論づけた。小説はあくまでフィクションであり、作中で鶴姫は敵将の
首を取るほどの活躍をしているが、史実と食い違っている。胸が大きく腰
がくびれた鎧も機能性を追求した結果のことらしい。だが、姫武者の鎧が
現存しているというのは、実にロマンあふれる話ではないだろうか。

名のある女性が着た証拠のある実戦鎧はこれまで発見されていない。だ
が、戦乱の世に女武者が多数いたのは事実であり、彼女たちが戦場で何か
しら防具を身に着けていたのも間違いない。

## 夢とロマン──お姫様のためのオーダー甲冑

### 婦女子の飾り鎧

大名のお嬢様のために注文された鎧だが、
実用品ではなく飾り甲冑。

**伊達家**
嫁入りする仙姫を歓
迎する意図で作られ
た具足。前立がない。

**井伊家**
井伊直弼の娘が嫁入り道
具として持たされた具足。
井伊家のトレードマーク
の小天衝を持つ。

**真田家**
真田幸貫の嫁専用の
練革製魚鱗鎧。前立
は赤い日輪。

**紺糸裾素懸威胴丸**
伊予の鶴姫が愛用したとされ
る鎧。胸部がふくらみ、腰が
締まっていて、ビジュアルだ
けなら女性向けにオーダーメ
イドされた甲冑に見える。

---

**関連項目**

●飾り甲冑→No.068

173

## 鎧に身を固めて戦乱の世を生きた女たち

　日本史の中では、男勝りの武勇を誇る女傑のエピソードがいくつも出てくる。特別に勇ましくない妻であっても、夫の留守に敵軍が来たら代理で指揮を執り、城を守って戦わなければならない。むしろよくあるケースだった。

　ちなみに、男物の鎧を女性が着る実験を行ったところ、問題なく着られたという結論が出ている。「大山祇神社に残された鎧は鶴姫のものではない」と断定されたが、その説が正しいとすれば、ほとんどの場合、女武者はオーダーメイド鎧でなく男性用の鎧を使っていたのだろう。何らかの防具を着込み、武器を取ったのは間違いない。

　武将の親族など、史書に残る女武者は少なくとも10人は挙がる。

　有名どころでは13世紀初めの巴御前、そのライバルとして戦った板額御前。古代では神功皇后も妊娠中に自ら出征したという伝説がある。12世紀『平家物語』に出てくる静御前は（江戸時代の創作だが）甲冑を着た絵画が残っている。

　女傑の輩出は戦国時代が一番多く、まず尾張（愛知県）の岩村御前（織田信長の叔母）が甲冑を着て戦ったという記録があり、割と有名ではないだろうか。筑前（福岡県）の立花誾千代は大太刀を持ち、侍女で編制した200人の薙刀部隊を率いた。備中（岡山県）の三村鶴は白綾の鉢巻と鎧を装着、鎧の上に薄衣を纏い、白い柄の薙刀と国平の太刀で矢面に立った。出羽（山形県）の伊達阿南（伊達政宗の叔母）は白鉢巻に袴という姿、得物は薙刀だったという。

　そして、女性が好みそうな赤やピンクの威毛で彩られた鎧の、具体的な記録または描写が残っている人物も数人いる。

　武蔵（東京都）の成田甲斐は烏帽子兜と小桜威の鎧を着用し、薙刀と弓の使い手だった。備前（岡山県）の宇喜多夫人は半月前立の黒兜に緋威の鎧を愛用し、片鎌の手槍を使った。河内（大阪府東部）の畠山波は桜威の鎧や緋威の鎧、紅絹鉢巻を所持しており、二尺八寸の太刀と弓で戦ったという。

　このように特別に身分の高い女性の伝は後世に残ったが、では一般の女性がいつも戦火から逃げ回っていたのかといえば決してそうではない。

　千本松原の戦い（1580年）、それに鎌倉材木座、江戸崎など古戦場跡で遺骨のDNA鑑定をしたところ、1／3ほどが若い女性だとわかった。にわかに信じられない比率ではあるが、これら犠牲者は村人ではなく明らかに戦士である。足軽女や女武者が大勢いた証拠が見つかっているのだ。もっともそれ以前に、14世紀の貴族の日記『園太暦』には「戦場に女騎馬武者がたくさんいる」という記述も残されていた。

　史書にはっきり事実が記されていても、20世紀までの歴史考古学者たちは「少年を女と誤認したのだろう」などと無視してきた。男尊女卑的な思い込みが根強く残り「女は男と同等ではない」「女は戦うものではない」という間違った結論を導き出しやすかった。それは日本だけでなく世界のどの国でも同様だった。

# 第4章
## 中国

# No.082
# 中国の防具はどのように発展したのか

おおざっぱに、中国では鎧を「鎧甲（がいこう）」「甲（こう）」、兜を「冑（ちゅう）」と呼ぶ。鎧甲と冑は同材質で製作する場合と、そうでないケースがあった。

## ●順調に進化を遂げた中国の防具

　中国の古代人類が皮革で衣服を製作したのがおよそ1万8000年ほど前とされ、その後に防具が作られるようになった。

　『史記』など古文書の記録によれば、世界の先史文明地域と同じく、数千年前から革や青銅の防具は存在していたようである。伝説の王や魔神が防具を発明したとされているものの、中国では新石器時代の後すぐ金属加工技術が発展し始め、西洋より優れた素材の防具が製作されてきた。

　考古学的な証拠として、紀元前17世紀（殷代後期）の遺跡から「革甲（かくこう）」の残骸や青銅の冑が発見されている。その時代の完全な形の出土品が少ないので、もっとも古い時代の鎧甲がどんな形状だったのかは正確にわからない。専門家の推測によれば、革鎧は革を重ねて作られており、現代の救命胴衣のようなベスト型だったらしい。また同時期にアジア各地で採用された**藤甲（とうこう）**に似たものも用いられた。

　その後、中国鎧は**ラメラー**または**スケイル**型が主流となっていくが、早い時期から革素材と金属素材、2種のラメラーが存在していた。そして紀元前2世紀（前漢時代）にはラメラー型中国鎧の完成形が登場した。

　「甲片（こうへん）」「甲葉（こうよう）」か「甲札（こうさつ）」（細長い甲片）などと呼ばれる四角い鱗の4辺をつなぎ合わせたり、直接下地に縫い付けることで鎧は完成する。金属甲片であれば、表面を研磨した。甲片の固定には革紐・麻縄・絹糸などを用いるが、攻撃を受けると破損しやすいので、柔軟性が不要な部位は金属製の「甲釘（こうてい）」で固定した。

　中国では、西洋のようなガチガチの板金鎧＝**プレートアーマー**はその長い歴史の中で結局登場しなかったが、ラメラーはどんどん強化改良され、しまいにその重量は数十キロ以上にも達した。

176

## 原始的な積層鎧からラメラーへの進化

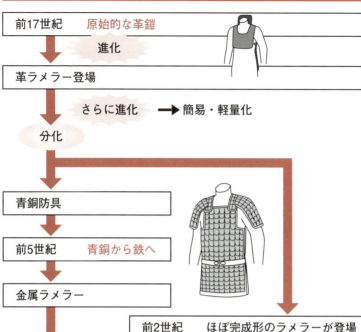

| 前17世紀 | 原始的な革鎧 |
|---|---|

↓ 進化

革ラメラー登場

↓ さらに進化 → 簡易・軽量化

↓ 分化

青銅防具

↓

| 前5世紀 | 青銅から鉄へ |

↓

金属ラメラー

前2世紀　ほぼ完成形のラメラーが登場

↓ さらに進化 → 機能向上・重装化

甲片や甲札を繋ぎ合わせて鎧の形にする（ラメラー）。
または革や布の下地に縫い付ける（スケイル）。

### 関連項目

- ●ラメラー→No.007
- ●スケイル→No.007
- ●プレートアーマー→No.030/038/039
- ●藤甲→No.050/088
- ●革甲→No.082

177

## No.083

# 革甲とはどんなものだったか

鎧だけでなく、兜や手甲など部位防具の材料に革が用いられることも
よくあった。そこそこの防護力があり、より加工しやすかったからだ。

### ●武人の階級を問わず愛された革甲

　時代を通じて、中国における革防具の主な材料は牛皮である。西方では
ラクダ、南方では象、東の沿岸部ではサメ皮も用いられた。かつてはサイ
の皮が重宝されたが、7世紀以降は入手困難になったという。

　中国地域独自の工夫としては漆が挙げられる。日本の鎧もそうだが、漆
で革や木、金属などの素材をコーティングすることで防具の強度を高め、
長持ちさせることができた。

　革鎧の総称を「革甲」という。金属鎧も古くからあったが、革甲は軽量
安価という利点があるために、17世紀まで各地で使われ続けた。

　紀元前の時代から、2枚ほど重ねて強化した甲片を繋ぎ合わせた「合
甲」を用いた革製ラメラーが流行していた。それが、7世紀ごろ（唐代）か
らは革を何層にも重ねた、より簡易な積層革鎧に変わっていく。

　紀元前後（戦国時代）の遺跡からは、木板に革の甲片を貼り付けたラメ
ラーも出土している。この珍しいタイプの鎧は「木甲」と呼ばれ、7～13
世紀（唐～宋）の時代にも用いられたらしいが、詳細は不明である。

　紀元前7世紀（春秋時代）の遺跡から革甲のプレス型が出土しており、そ
のころに兵士向け革甲が量産されていたことがわかる。兵卒だけでなく、
貴族や将軍が革甲を愛用することもあったらしい。貴人の墓から黒・赤・
白・黄など染料入りの漆を塗った革甲が出てくるのだ。金属鎧は彩色が難
しかったため、美観を重視する者は革鎧を用いていたのかもしれない。

　余談だが、身分の高い者は金属鎧を用いることが多く、古い時代の金属
防具にはたいてい紋様や装飾が施されている。そのほか、貴金属の鎧や金
銀を装飾にあしらった防具もあったが、儀礼用または士気高揚を目的とし
たもので実用品ではない。

178

## 中国の革甲について

革甲は……
- 軽い。
- 安価。
- 表面は漆でコーティング。
- 量産可能。 → 兵士向け。
- 彩色可能。 → 華美な革甲は洒落者に人気。
- 歴史上、長期にわたって用いられた。

- 西域ではラクダの皮
- サイの皮を材料にした革甲が最高！
- 入手しやすい牛皮が一般的
- 南方ではゾウの皮
- 海岸ではサメ皮

### 関連項目
- ラメラー→No.007
- 漆→No.062

## No.084

# 秦では戦車の御者が一番いい鎧を使っていたのか

青銅や鉄器が一般化したころの中国でどんな形の防具が使われていたかを知るのに、秦の兵馬俑は格好の史料となった。

### ●秦の当時を伝える陶製人形

青銅の防具が盛んに作られたのは紀元前11〜前8世紀(周〜春秋戦国時代)ごろで、西周時代が絶頂期だった。当時の遺跡からは、革地に青銅甲片を綴った前掛け型の胸甲、卵殻型の青銅冑が出土している。

そして鉄の防具が出回るようになったのは、紀元前5〜前3世紀(戦国時代)である。

戦国時代の軍団は戦車を操る指揮官に率いられており、指揮官は部隊の先頭に立つしきたりだった。それで、最強の装備を与えられていた。下半身は戦車で隠れるが、上半身や頭部は強固な防具で固めていたのである。

紀元前3世紀、戦国時代を勝ち抜いたのは秦だった。戦勝国ではあるが秦の装備は時代遅れだったと伝えられており、防具の素材は青銅や革だったようである。より技術が進んだ国では鉄の防具を採り入れていただろう。

その秦の遺跡である兵馬俑から陶製の人形が多数発掘された。当時の防具については、それら兵士の人形が身に着けているものから推察できる。

装備は兵種や階級で異なるが、胴鎧は全て**ラメラー**型でどれも右脇で開く造りだった。将軍は腰までを覆う重厚な鎧、騎兵はベスト型の軽鎧、歩兵は革の肩当付きの胴鎧を着ていた。そして戦車を操る御者には両腕全体を覆う防具、首を守る襟、それに腰までを覆う特別待遇の鎧が与えられていた。秦の御者は養成に時間がかかる貴重な存在だったと記録にあるので、戦国時代の御者と同じく完全武装で戦場に赴いたのだろう。

彼ら秦の将兵は防具の下の衣服に綿などの詰め物をしてさらに防護力を高めていたと思われる。

秦に続く漢代の鎧甲も、戦国時代のものと基本的に造りは変わらない。ただし、技術革新で鉄がより普及していた。

## 紀元前時代の金属製の鎧甲

### 前8世紀
### 西周の青銅胸甲。

装甲板を胸にくくり付けるだけの簡単な防具。位の高い武人の持ち物だった。

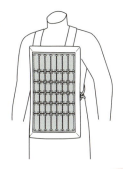

### 前3世紀
### 秦の将軍向け鎧甲。

胴鎧がエプロンのように腰まで延びている。

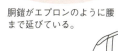

### 前3世紀
### 秦の御者向け鎧甲。

鎧は腕全体を覆い、大きな襟で首元も守られている。

### 前2世紀
### 前漢の鎧甲。

小さな甲葉を綴ったラメラーアーマー。製作技術の進歩がうかがえる。

**関連項目**

●ラメラー→No.007

## No.085

# 中国を代表する鎧とは

明光鎧は光り輝く護心が付いた独特のデザインが人目を引く。筒袖鎧とともに、武勇を誇る将が着るにふさわしいヒロイックな鎧である。

### ●筒袖鎧と明光鎧

中国の鎧といえば、やはり群雄が活躍した三国志の時代のものを思い浮かべるのではないだろうか。そのころの代表的な防具が「筒袖鎧」とそれに遅れて登場した「明光鎧」である。

筒袖鎧は3～5世紀(三国～南北朝)に主流となった鎧だ。魚鱗型の甲葉を綴った**スケイルアーマー**で、最大の特徴は半袖が付いていることである。脇の下は鎧のウィークポイントのひとつなのだが、この鎧は半袖付きなのできちんと保護される。諸葛亮孔明が発明したと伝わっているが、実は袖付きの鎧は漢の時代から存在していた。おそらく孔明が袖付き鎧の性能を向上させたということなのだろう。

筒袖鎧のうち、一部は「百煉鋼」で作られていた。いわゆる**鍛造**鋼鉄である。西洋の**プレートアーマー**に使われた最高の技術で、弩弓さえ貫通させないほど優れた防御力を誇ったという。

明光鎧はそれまでの鎧と一線を画す新防具だった。流行したのは3～10世紀(三国～唐代)。この**ラメラー**型の重装鎧の両胸と背中には楕円形の金属プレート「護心」が付いている。急所を守る護心は光を反射するほど磨かれており、戦闘中に敵の目をくらませる効果もあったという。光を反射する護心が、明光鎧という名称の由来でもある。

防護範囲は胴全体から膝まで、それに上腕部もカバーしている。6世紀以降は鎧の腰部分を帯で縛って動きやすくしていた。通常、材質は鉄だが、護心を付けた革鎧も同じく明光鎧という名で呼ばれた。

造りが丁寧で、鎧の縁を金色に塗るなど見栄えもよい明光鎧は位の高い武人向けの鎧甲だった。

バリエーションとして、全体を黒く仕上げた「黒光鎧」がある。

## 筒袖鎧と明光鎧

筒袖鎧
3〜5世紀

袖付きスケイルアーマー

⬇

百錬鋼製のものもある。

・軽量で丈夫な鍛造鋼鉄。
・弩弓さえ通さないという随一の防御力。

諸葛亮孔明が発明
または改良した鎧。

袖により脇の下を守る。

明光鎧
3〜10世紀

高級ラメラーアーマー

⬇

造りが丁寧で高位武人向け。鎧の縁は金色に塗装。

6世紀以降は腰を帯で縛った。よりフィットして動きやすくなった。

とにかく目立つ！

肩アーマー。
上腕部を守る。

胸部に護心。両胸2枚＋背中1枚。さらに腹部に付く場合もある。磨かれた金属板。急所を守るための板。光反射で目くらまし。装飾効果もあり。

膝アーマー。
下半身まで守る。

黒光鎧
全体を黒く仕上げた明光鎧。レアな逸品。個性的な武将向け？

---

**関連項目**

● 鍛造→No.003/004
● スケイルアーマー→No.007
● ラメラー→No.007
● プレートアーマー→No.030/038/039

## No.086

# 中国の騎兵と馬はどんな防具を着ていたのか

中国では騎兵の鎧より先に馬の鎧が登場した。馬具が発明されて騎兵が機動戦力と認められる以前、戦車が戦場を駆け回っていたためである。

### ●戦車から騎兵へ、最終的には防具なしに……

紀元前8世紀(春秋時代)の遺跡から、馬の鎧「馬甲」が出土している。その昔は馬と御者から成る**戦車**が主力で、馬を防護する試みもあった。

鞍や鐙の発明を経て、乗馬技術が確立された後にようやく騎兵が戦力化され、3世紀ごろに「裲襠甲」(両当甲とも表記)が登場する。これは5〜6世紀(南北朝時代)に普及し、隋や唐代を経て13世紀(宋代)まで使われた割とメジャーな鎧である。

胴体前面と後面の2ピースで構成された**ラメラー**の板を頭から被るように着用し、腰のあたりをベルトで縛る。これだと脇がガラ空きだが、軽装を強いられるのは騎兵の宿命だった。

そもそも騎兵は(馬も)防具を用いなかったが、前線に出ていく時代になると被害が大きくなった。特に弓は大敵である。まず、馬を積極的に用いた西方や北方の遊牧民の間で騎馬に防具を着けることが流行し、それがやがて中国全土に普及したようである。

馬甲は**馬鎧**とか「甲騎具装」と呼ばれていたが、革または鉄の**スケイル**やラメラーで、頭・首・胸・胴・尻の5ピースから成る。それらを革紐で馬体に固定するのだ。表面は漆塗りで、強度も人間用の鎧甲と変わりなかった。流れ矢対策として、さらに布を被せて出陣することもあった。

馬甲は一定の防御力を持っていたが、発達を続ける火器には対抗できないことがわかり、やがて廃れてしまう。

漢民族以外の中国の騎兵はといえば、モンゴル軍が重装軽装多様な騎兵を用いており、その中にラメラーを着用した重装騎兵隊があった。清の八旗も優秀な騎馬隊だったが、多くは馬甲を使用しない。ただ例外として、重装騎兵隊「鉄騎」では騎手と馬が**鉄甲**(鎖帷子)を用いていた。

## 裲襠甲と馬甲

No.086
第4章 ● 中国

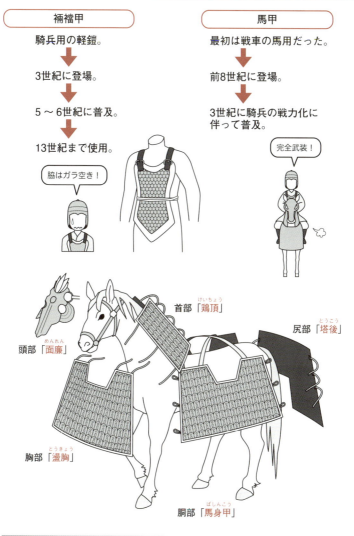

### 裲襠甲
騎兵用の軽鎧。
↓
3世紀に登場。
↓
5〜6世紀に普及。
↓
13世紀まで使用。

脇はガラ空き！

### 馬甲
最初は戦車の馬用だった。
↓
前8世紀に登場。
↓
3世紀に騎兵の戦力化に伴って普及。

完全武装！

首部「鶏頂(けいちょう)」
尻部「塔後(とうこう)」
頭部「面簾(めんれん)」
胸部「盪胸(とうきょう)」
胴部「馬身甲(ばしんこう)」

### 関連項目
● ラメラー→No.007
● スケイル→No.007
● 馬鎧→No.049/092
● 戦車→No.084
● 鉄甲→No.087

185

## No.087
# 鎖子甲はどのように進化したか

チェーンメイルは世界各地に普及していた防具だが、中国の鎖帷子は
金属リングを繋ぎ合わせたもので、その後に進化発展した。

### ●鎖子甲から綿甲への発展と鎧時代の終焉

　西洋でいうところの**チェーンメイル**は、7世紀(唐代)に西方から伝わり
「鎖子甲」と呼ばれた。17〜19世紀(明〜清代)にも広く用いられるが、17
世紀明代の鎖子甲は「鋼子連環甲」または「連鎖甲」といい、素材は鋼鉄
だった。続く清代のものは「鉄甲」と呼ばれる。これは胸に「護心鏡」が
付けられ、急所が守られていた。

　なお、7世紀以前にも「環鎖鎧」という鎖鎧の一種があったようだが、
あまり世に出回らない貴重品だった。

　また13世紀に中国を侵略したモンゴル軍はそれぞれ違った役割を担う
数種の騎兵隊を有していたが、その一部が特徴的なチェーンメイルを使っ
ていた。牛革の下地に鎖帷子を重ねて作った鎧である。その部隊は爆薬や
鉄砲を扱うのだが、鎖の鎧は爆風を防ぐのに適していた。

　チェーンメイルの類は完全に信頼できる鎧ではないのだが、比較的軽く
て通気性も良好なので、使い勝手はよかった。ほかの防具を重ね着したり、
**綿甲**(布と鎖の複合タイプ)が考案されるなど工夫もみられた。

　ここでいう綿甲とは綿や絹の布で覆った鎖子甲である。西洋で広まった
**コートオブプレイツ**と同様のものだ。複合素材で防御力は高められ、防寒
機能も備えた鎧となった。金属部が露出していないので、分厚いコートの
ように見え、北部で特に重宝された。

　綿甲は7〜10世紀に普及し、17〜19世紀にも国軍装備として採用さ
れた。17世紀以降、銃器の高性能化ですべての鎧は姿を消していくが、
一定の防弾効果がある綿甲だけは例外的に使われ続けた。

　特に清の八旗将兵は赤・白・青・黄色など各々のシンボルカラーで染め
た綿甲を愛用していた。

## 鎖子甲から綿甲への進化

中国のチェーンメイル ＝ 総称は鎖子甲。

鎖子甲に布鎧を被せた複合鎧 ＝ 綿甲。

時代や王朝ごとの呼び名とバリエーション

| 7世紀以前 | 環鎖鎧 | 出回らない貴重品 |

↓

| 7世紀 | 鎖子甲（唐） |

↓

| 13世紀 | 革鎧＋鎖子甲（元） | 騎兵向け |

↓

| 17世紀 | 鋼子連環甲・連鎖甲（明） | 鋼鉄製になる |

↓

| 17世紀以降 | 鉄甲（清） | 護心鏡付き |

鎖子甲

綿甲

### 関連項目

● チェーンメイル→No.005/006
● コートオブプレイツ→No.025
● 綿甲→No.087

## No.088

# 紙や蔦でできた鎧があったのか

中国の防具の中で他地域では類を見ない珍しいものが紙の鎧だろう。
また植物の藤を編んで防具としたのもアジアならではといえる。

### ●実用性の高い紙甲と藤甲

　世界でも珍しい紙製の鎧である**紙甲**は7世紀（唐代）から普及し、10〜17世紀（宋〜明代）まで使用された。7世紀ごろの衣料品は紙で作ることもあり、正確には紙に木綿や絹などを重ねた構造となっている。紙甲は**布鎧**の一種といえるだろう。

　厚さは3センチで、矢や弾丸を防ぐ効果があり、濡れていればその能力は向上したという（ただし重くなってしまう）。意外に有用ではあるものの、接近戦ではあまり効果はなかった。

　紙甲は歩兵向けまたは弓兵の鎧として採用され、軽量な点を買われて水軍でも用いられた。

　珍しい鎧として、もうひとつ。特殊処理した藤を編んだ「**藤甲**」がある。これは中国の発明品ではなく、はるか昔から東南アジア諸国（ベトナムや台湾）で使用されてきた。古代日本にも藤製の短甲（初期の日本鎧）や「藤牌」という盾などが存在し、16世紀ごろまで使われていた。

　軽量で通気性良好、製造も安価かつ容易にできる上、そこそこの防御力がある。そして鎧を着けたまま渡河できることも強みだった。

　藤などの蔓植物を数週間水に浸してから干し、漆に1週間漬けてまた干す。これを防具の形に編み、仕上げに桐の油を塗る。台湾ではさらに表層をフグの皮で覆って強化する。特殊処理した藤材を整形することで、上半身を覆う藤甲のほか、兜や盾なども作られた。

　藤甲は『三国志演義』に秘密兵器として登場したので、割と有名かもしれない。諸葛亮孔明が南方に遠征した時、藤甲を着込んだジャングルゲリラに苦しめられた。だが、藤甲には油が染みこんでいるので燃えやすい。これを看破した孔明は火攻めで対抗したのだった。

## 紙やツタの鎧とあなどるなかれ──実用本位の変わった鎧

### 実用的な紙甲

7世紀に普及。
10～17世紀まで使用。

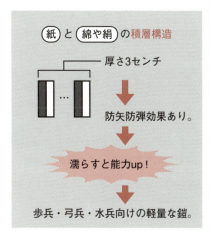

紙 と 綿や絹 の積層構造

厚さ3センチ

防矢防弾効果あり。

濡らすと能力up！

歩兵・弓兵・水兵向けの軽量な鎧。

### 水に浮く藤甲

藤など蔓植物を加工して防具を整形。
軽い・丈夫・通気性よし。

台湾では魚皮を貼った。

#### 兜のバリエーション
盾形状も一定ではない。
素材を自在に整形可能。

---

**関連項目**

- 布鎧→No.027
- 藤甲→No.050/082
- 紙甲→No.080

## No.089

# 中国にもギリシャのような重装歩兵がいたのか

宋では中国史の中で唯一、古代ギリシャのファランクスに相当する、
密集陣形で突進する重装歩兵隊が編制された。その鎧甲は優秀だった。

### ●中国最強の超重装ラメラー

「歩人甲」とは中国の歩兵向け重装鎧の総称である。中でも鉄の甲葉を
綴った**ラメラー**がもっとも高性能だった。10世紀の宋の歩人甲がその代
表格で、歩兵装備としてはほかに類を見ないほど上等なものだった。

敵対国家である金の重装騎兵に対抗するため、宋では**重装歩兵**隊による
密集戦法が採用された。

そのために強固な歩人甲の量産体制も整えられたのである。職人ひとり
で作成した場合、歩人甲1領の完成に70〜140日かかったというが、実際
には分業制が採られ、2日で1領の歩人甲を生産した。

最前線向けの歩人甲は1825枚の甲札で全身が覆われ、その重量は35キ
ロもあった(西洋の板金鎧並みに重い)。歩兵は長槍など重い武器やほかの
装備も携帯するので、総重量は50キロにも達していた可能性がある。

宋の重装歩兵は確かに堅固だったが、負担が大きく、進撃速度に難があっ
た。さらに後方で支援を行う弓兵にも20〜30キロの重鎧が支給された。

宋代に使われていたラメラーにはほかに「金装甲」「長短斉頭甲」「明
光細鋼甲」「黒漆順水山字鉄甲」などがある。ラメラーが主流だったが、
場合によっては鎖帷子の類も用いられた。

さらに、宋代以降の中国の国家のラメラー型防具も見ていこう。

モンゴル帝国の騎兵は総じて積極的に防具を用いなかったものの、重装
騎兵は**ガルタカ**というラメラーを着用した。チベット騎兵もこれと似た装
備をしていた。

清の時代には、鎖帷子の上に甲札を綴った鎧が登場した。「明甲」と呼
ばれたが、バリエーションに「暗甲」がある。後者はラメラーの上にさら
に布地を被せたものである。

190

## 宋の歩人甲

10世紀　宋の歩人甲

重装歩兵の密集陣形戦法を実行するために採用。

恐竜的な進化を遂げた超ヘビー級ラメラー。

ラメラーは本来それほど重くない鎧のはずだが——

↓

宋の歩人甲は35キロととても重い！

甲葉の枚数は1825枚！

敵の矢の掃射や騎兵の突貫をものともせず密集して突き進む！

そこまではいいんだけど——

装備が重すぎて、逃げる敵に追い着けない……

### 10世紀以降の中国のラメラーの仲間

| 宋 | 重装歩兵の歩人甲、金装甲、長短斉頭甲、明光細鋼甲、黒漆順水山字鉄甲など。 |
| --- | --- |
| 元 | ガルタカ。 |
| 清 | 明甲、暗甲。<br>(西洋で似たもの：明甲＝スケイルメイル、暗甲＝コートオブプレイツ) |

---

関連項目

● ラメラー→No.007
● 重装歩兵→No.010/011/017
● ガルタカ→No.090/096

191

## No.090
# モンゴル帝国ではどんな防具を用いたのか

騎馬軍団を主力とするモンゴルでは機動性を重視しており、基本的には重い防具を敬遠する傾向にあったが、重装騎兵隊も存在した。

### ●アジアとヨーロッパを席巻した覇者

　モンゴルの**重装騎兵**は**ラメラー**の一種**ガルタカ**を着用し、「グトゥル」というつま先の上がったブーツを履いたが、その先端には金属片が仕込まれていた。つま先を上げたり尖らせた靴は中東やインドでもみられるが、馬具の鐙に通しやすく抜けにくくする措置である。防具兼防寒具の革コート「バガルタカ」を羽織ることもあった。一方、弓騎兵は積層式の革甲か鉄鋲で補強した布鎧を用いていた。彼らは滑らかな絹の衣服も好む。

　上記のガルタカと革甲について、13世紀のモンゴルを旅した宋人が著した『黒韃事略』に詳しい説明がある。重装騎兵のラメラーは「柳葉甲」と表現されるが、柳葉のように細い鉄小札を革紐で繋いだものだ。革甲は「羅圏甲」といい、細長く切った牛革を6枚重ねて膠で貼り合わせたものだった。博物館に残る元寇の遺品には3枚重ねの革小札で作られたラメラーがあるので、モンゴル軍の革甲とはこれのことかもしれない。

　そのほか、ハガキ大の甲片でできた**スケイル**、虎や蓮華の紋様が入った銅板製の高級ラメラー、西洋の**ブリガンダイン**に相当する「ハタンガデゲル」や鉄製鎖帷子も用いられた。兜は漏斗を逆さにしたような形状で、頭頂部に房飾りがある。左右と後方は鉄板で補強した布か革の防護板が付く。

　こうしたモンゴル兵の出で立ちは日本の絵画『蒙古襲来絵詞』などでも描写されている。

　騎兵は鉄製丸盾**シパー**を肘に取り付けることがあった。革や柳枝で編んだ縦150×横100センチの長方盾や、西洋の**タワーシールド**に相当する「拐子木盾」も用意していた。大盾は砲弾を防ぐための装備だった。

　馬甲は敵軍に重装騎兵がいる場合にのみ使用した。両側面、尻、面の4枚で構成される。馬面が鉄板、ほかの部位は牛革を単紐で繋いだものだ。

192

## 広大な帝国を築いたモンゴル軍団の防具

**モンゴル重装騎兵**

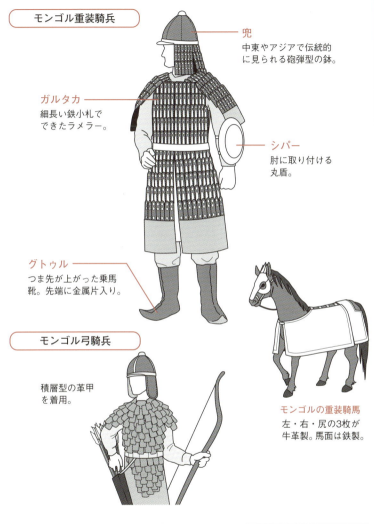

**兜**
中東やアジアで伝統的に見られる砲弾型の鉢。

**ガルタカ**
細長い鉄小札でできたラメラー。

**シパー**
肘に取り付ける丸盾。

**グトゥル**
つま先が上がった乗馬靴。先端に金属片入り。

**モンゴル弓騎兵**

積層型の革甲を着用。

**モンゴルの重装騎馬**
左・右・尻の3枚が牛革製。馬面は鉄製。

### 関連項目

- ラメラー→No.007
- スケイル→No.007
- 重装騎兵→No.016/086/089/092/096
- ブリガンダイン→No.026/095
- タワーシールド→No.042
- ガルタカ→No.096
- シパー→No.096

## No.091

# 中国の盾や部位防具はどんなものがあったか

早くから文明があり、紀元前から優れた鎧が存在していた中国地域では、全身各所を覆う防具はもちろん盾も発達していた。

### ●防具素材はさまざまで盾は木製

「盾」「楯」「干」「牌」など呼び方はいくつもあるが、すべて盾のことである。世界のほかの地域と同じく、おおざっぱには長方形の「方形盾」と小型の丸盾「団牌」が普及していた。

方形盾はさらに細部の形状の差で「燕尾牌」「手牌」「推牌」などに分類できる。団牌は主に騎兵が矢から身を守るために用いた。

材質は木材が主で、ほかに竹や編んだ藤でも作られた。板を積層したり革を張ったり、鋲を打つなどの補強が行われることがある。盾には士気高揚や敵への威嚇のため、鬼神や神獣の絵を描くのが普通である。絵の代わりに浮き彫りを入れたり、呪文を書き込むこともあった。

そのほか、特殊な盾としては「歩兵傍牌」が有名だ。西洋の**タワーシールド**に相当する大型の盾である。地面に立てるなどして、敵陣から飛来する矢の雨を防ぐ。さらに大きな盾が「無敵神牌」だ。車輪付きの台車に乗せられた巨大な野戦盾で、14～17世紀(明代)に使用された。

中国の兜は冑と呼ぶが、正確には頭頂部のパーツあるいは椀型の兜が冑である。冑に後頭部や側頭部に甲片や革を繋げて頭全体を守るようにした兜は「兜鍪」といい、顔を守る面具も使われることがある。このほか、下士官や兵士向けの帽子や頭巾型の革兜もあった。

手足の防具の呼び名は、肩や上腕部が「披搏」、「披護」は下腕部、「吊腿」は太腿の防具で「膝裙」は脛や足を守る。古代の遺跡からは「臂甲」という腕甲や鉄鋲を打った長靴の残骸が出土することもある。これら部位防具の材質は革、青銅、鉄などさまざまである。

分割できる胴鎧や胴の部分鎧についての呼び名もある。上半身が「身甲」、下半身が「垂縁」だ。

## 中国の盾や兜と部位防具のいろいろ

### 方形盾

一般的な盾。材質は木製が多い。表側に鬼神や神獣の絵か呪文を書き入れる。あるいはレリーフを施すこともある。

### 団牌

騎兵向けの小さな盾。主に矢を受けるためのもの。

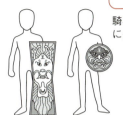

### 部位防具の名称

材質は革・青銅・鉄などさまざま。

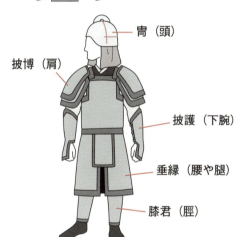

- 冑（頭）
- 披博（肩）
- 披護（下腕）
- 垂縁（腰や腿）
- 膝君（脛）

### 兜鍪

頭全体を守る兜。冑に甲片を接いだもの。

革の兜
革の甲片で作られた兜。

#### 関連項目

●タワーシールド→No.042

# 伝説で語られる源平時代の銘品

●**避来矢**：平将門を征伐してその名を残した藤原秀郷の家に伝わる鎧で、秀郷が
その遠征の途中で大ムカデを退治したお礼にと、地元の龍神から授かった数々
の宝物の中にあった。「飛んでくる矢を避ける」と銘打たれたこの防具の着用者
は、どんな激戦の中でも生き残るとされていた。平安時代末期、その子孫の足
利忠綱が避来矢を源平合戦に持ち出した。忠綱も百人力の豪の者だが、鎧のあ
まりの重さに不安になり（川辺で戦いとなったので河原で軽鎧に着替えた説も
ある）、陣地に置き去りにした。後で戻ると、その場所には白くて平たい大石が
あるだけだった。彼が家宝を失った怒りで大石を何度も殴ると、石は鎧の形に
戻った。以来、平石と掛けてヒライシと呼ばれるようになったという。避来矢
は江戸時代に焼失するまで実在しており、現代には焼け残った金属部品だけが
伝えられている。兜鉢は15間の星兜だ。避来矢は、この鎧が制作されたであ
ろう平安時代末の甲冑の仕組みを調べる上での貴重な研究資料となっている。
●**源氏の八領**：源氏一族に代々伝わる8領の鎧。保元の乱や平治の乱で名だたる
武将が着用していた。源義光を始祖とする甲斐の武田家で代々継承されたが、
戦勝祈願のご利益があると信じられ、合戦の前に拝まれた。マジックアイテム
ではなく伝説の銘品であり、実在していたが、現代に残るのはその中の盾無だ
けである。武田氏が滅亡する際に家臣が寺の杉の木の下に埋め、徳川家康に回
収された。現代では国宝に指定され、小桜韋威鎧という名になっている。
・**薄金**：全体が薄い鉄札で作られている。保元の乱で総大将・源為義が用いた。
・**月数**：綾絹を裂いて芯を覆った特製の麻糸で作られ、朽葉色だった。保元の乱
で源頼賢が使用。
・**日数**：兜の鉢の星の数が360個あった。1年の日数と同じだったことから命名。
保元の乱で源頼仲が着用。
・**源太産衣**：源義家（幼名が源太）が皇子から拝領、あるいは参内記念に新調し
たものとされる。平治の乱で源頼朝が使用。
・**沢潟**：沢潟とは湿地の多年草。その葉に似た紋様が、数種類の糸を使って袖や
鎧に描かれていた。平治の乱で源朝長が使用。
・**八竜**：八大竜王の飾りをあしらった点が特徴。平治の乱で源頼平が使用。
・**膝丸**：牛1000頭分の膝の皮が使われている。平治の乱で源義朝が使用。
・**盾無**：盾が必要ないほど堅固な鎧という意味。平治の乱で源義朝が使用。
●**唐皮**：こちらは平家の家宝。貴重な虎の皮で作られ、黄金蝶の据金物を打って
あった。桓武天皇が祈祷を行っていると天から降ってきたという逸話があり、
まず皇室の宝となった。平安時代中期、平将門討伐の際に平貞盛に下賜され、
以来は平家に伝わる。平治の乱で平重盛が着用。退却の際に矢を射られたが、
背の上部に当たって跳ね返り、2撃目も左の袖をかすっただけだった。追撃を
した源義平はしかたなく重盛の馬を狙った。

# 第5章
# 中近東・
# インド・その他

**No.092**

# 東方のカタフラクトスはどんな防具を使っていたのか

打たれ弱い騎兵の防御力を上げる試みは世界各地で行われた。騎手と馬の両方が防具で守られている騎兵を重装騎兵という。

### ●騎馬軍団における重戦車

　防御を固めれば生存率は高まるが、重い装備によって騎兵の長所である機動性は損なわれる。よって、全軍を重装化するようなケースは少ない。

　東欧からオリエント、アジアに至る広い地域では騎兵が戦闘部隊の中核であり、重装騎兵隊「カタフラクトス」がよく編制された。アルメニア、パルティア、そして3～7世紀のササン朝ペルシャの**重装騎兵**は精強を持って知られた。ペルシャの重装騎兵は**チェーンメイル**を基本装備とし、歩兵に脚を攻撃されるため下半身に板金鎧を纏った。

　多くの騎手は基本装備に加え、袖なしの**スケイル**か**ラメラー**などを重ね着した。ラメラーは金属製が多いが、革や動物の角製のものもある。このうち、袖なしか半袖のものを「クリバニオン」と呼ぶ。腕甲の「ケイロプラッサ」「マニケリア」、脛当の「ポドプセッラ」「カルコトウバ」は鉄製または革や木片の小札を連ねた防具だ。鉄鎖で補強した革籠手を用いることもある。あるいは「スクタ」という**カイトシールド**の一種、丸盾「トレオス」を持つこともあった。

　**馬鎧**は、当初は大きな布か革を背中に被せたものだった。時代が進むと、一枚布に金属板や小札を縫い付けて補強し、馬の頭や首にも防具が着けられるようになる。だがこれでは機動力が低下するということで、7世紀には馬の前面(頭・首・胸)だけを守るようになった。前面だけを防護した騎兵は「クリバナリウス」と呼ばれる。

　地理的に近い東ローマ＝ビザンチン帝国はペルシャに大きな影響を受け、4世紀ごろからカタフラクトスを編制している。騎手は丈長のチェーンメイル、馬にスケイルアーマーというのが基本の装備である。その後11世紀に至る間に、より高度な防具で固めるようになった。

198

## 周辺国の手本となったペルシャの重装騎兵

### ササン朝ペルシャの
### カタフラクトス

特に騎手は防具でしっかり固められている。

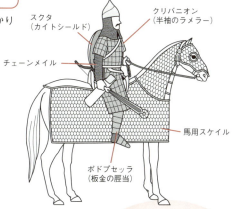

### ペルシャの
### クリバナリウス

攻撃を受けやすい前面だけに防御を絞った重装騎兵。全体に軽装化されている。

### 東ローマ帝国の
### カタフラクトス

4〜11世紀という長期にわたって活動したためか知名度が高い。装備はペルシャに倣っている。

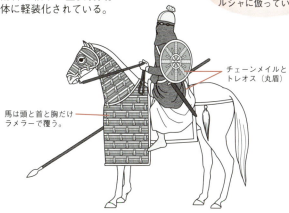

---

**関連項目**

- カイトシールド→No.002/022/041
- チェーンメイル→No.005/006
- スケイル→No.007
- ラメラー→No.007
- 重装騎兵→No.016/086/089/090/096
- 馬鎧→No.049/086

## No.093

# 中近東とインドの武器防具には共通点があったのか

オリエントやインドといった地域は暑いという理由もあって、全身を板金で覆うような防具は普及しなかったし、軽装が標準的だった。

### ●弓矢とサーベルに対抗する革鎧と鎖帷子

　トルコからイラン、イラクを含む中近東エリア、そしてアフガニスタンを経てインドに至る地域——この2地域は昔から文化交流が盛んであった。西側にあるヨーロッパ諸国がそうであったように、2地域全域で価値観を共有していたのである。

　中近東地域の武器防具は総じて古代ペルシャ（現在のイラン）の伝統を受け継いでおり、後に全域にイスラム教が広まっている。文化面でいえば、13世紀のモンゴル帝国の拡大の影響もあっただろう。インド地域にもその文化は昔から流入し続けていたが、特に16世紀、ムガル帝国の進出後は決定的になった。

　10世紀以降のインド地域を見ると、数世紀で次々と支配者が入れ替わったのがわかる。しかし民族は違えど、どの王朝もだいたい似たような戦術思想を持ち、騎兵と歩兵という構成で、名前は違っても同じような防具を使っていた。

　総じて中近東とインドでは、突くより切断する武器が主体だった。西洋ではブロードソードの殴打がよしとされたのに対し、鋭利なサーベルの斬撃が攻撃手段として好まれたのである。

　戦闘では機動性が重視され、騎兵の運用も盛んだった。そのためか金属加工技術が西洋より発達していたにもかかわらず、**プレートアーマー**のような重厚な防具は主流とならなかった。中東とインドの防具は、伝統的に"革の**ラメラー**と**チェーンメイル**の重ね着"が一般的だった。そうでなければ革の**スケイル**が用いられた。革防具が矢を防ぎ、鎖帷子が斬撃を防いだのである。これらの防護手段はプレートアーマーより有効だった。

200

## 戦闘戦術の価値観を共有する中東とインド域

### 西洋

殴打や刺突のパワー攻撃に対抗して、鎧がどんどん重厚化した。

強大なパワーに対抗できる重厚なヨロイを！

### 中東

斬撃や刺突などの多彩な攻撃に、複合素材の防具で対抗した。

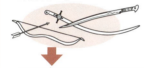

多様な武器に対応できる複合素材の防具を！

トルコ、アラビア、イラン、イラク、アフガニスタンとその周辺、インドまでの広い地域が、価値観を共有し、長い間、同じような武器防具を用いていた。

## ♣ 攻撃盾アダーガ

　モロッコのフェズ発祥、イスラム世界で育まれた奇妙な小さい四角盾である。長さ70〜80センチ、重量1.5〜2キロ。当初はレイヨウの革の盾を指していたが、それに剣が付き、14世紀に槍が追加された。14〜15世紀にスペインに伝わり、軽騎兵隊で「アーラジネタ」という呼称で採用された。さらにポーランド軍でも用いられた。

　槍が付くまでは片手持ちの装備だったが、以後は両手持ちになったらしい。通常は槍で戦い、近接戦では盾で守りながら短剣で刺すという使い方をする。

### 関連項目

- チェーンメイル→No.005/006
- ラメラー→No.007
- スケイル→No.007
- プレートアーマー→No.030/038/039

## No.094

# インドを目指した軍団は中東生まれの装備を使っていたのか

10世紀以降のインド周辺地域では、民族が入り乱れてさまざまな王朝が興っており、中東・インド域で生まれた防具の見本市の趣がある。

### ●アフガニスタンを侵略したトルコ人たち

10～12世紀ごろ、アフガニスタンはトルコ系のガズナ朝が支配した。

その戦士たちは**チェーンメイル**の「ジリー」と足首まである丈の長い**ラメラー**「ジョシャン」を装備し、足首にはゲートルを巻いた。

また「カーワー」というスケートボードくらいのサイズの長方盾を用いる。縁を金属で補強した木製盾で、表面は彩色されていた。

12～13世紀、ガズナ朝の後を継いだのがゴール朝である。

この王朝の歩兵は、半球型の鉢に円錐角が付いた兜「ハウド」、コート型の布鎧「バルグスタワン」を用いた。騎兵は上記のジリーやジョシャンの類、あるいは鎖帷子を重ね着したり、**スケイルアーマー**を用いた。

また彼らは「ハザガンド」「カザガーンド」あるいは「ジリーハザールマイハー」と呼ばれる、キルトアーマーにチェーンメイルを縫い付けた胴防具も使った。ハザガンドは中東からインドまでの広い地域で用いられた知名度の高い防具である。布の裏に金属を貼るという、西洋の**コートオブプレイツ**と同じ着想から生まれた品だが、やがてヨーロッパにも伝播していき「ジャゼランド」という防具になった。

ゴールにも「**カーワー**」という盾があったが、ガズナ朝の同名の盾と違い、大きな方盾を指している。硬質加工した革をベースにし、その表と裏に詰め物をした綿布を張った軽い盾に身を隠し、重装歩兵のように集団で運用した。これで騎兵の突撃を防いだというからけっこう丈夫だったのだろう。

そのほか、インド域の各王朝では中近東伝来の籠手「バズバンド」も使われた。複合素材の防具で、肘から手首までが鋼鉄またはサイの革でできた一枚板、手首から指先までを布と鎖帷子で拵えてあった。

## ガズナ朝とゴール朝における防具

### ガズナ朝重装騎兵

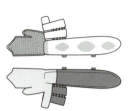

**バズバンド**
肘から手首は鋼鉄の一枚板。
手首から指先は鎖帷子と布。

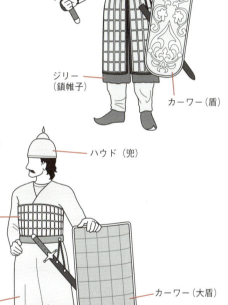

- バズバンド（籠手）
- ジョシャン（ラメラーの鎧）
- ジリー（鎖帷子）
- カーワー（盾）

### ゴール朝重装歩兵

- ハウド（兜）
- ジョシャン（腹部のラメラー）
- バルグスタワン（布鎧）
- カーワー（大盾）

---

**関連項目**

- ●チェーンメイル→No.005/006
- ●ラメラー→No.007
- ●スケイルアーマー→No.007
- ●コートオブプレイツ→No.025
- ●カーワー→No.095
- ●ジリー→No.096

## No.095

# ムガル帝国では新しい防具が生まれたのか

ムガル帝国の装備は中近東の国々と似通っているものが多かった。鎧・兜・盾にその傾向は顕著だが、マドゥという独自の防具もあった。

### ●伝来盾シパルーとオリジナル盾マドゥ

ムガル帝国では**ジリーバハタ**のような複合鎧のほかにも、いくつかの防具が使われた。インドに昔からあったものや、戦いの中で考案された新しい鎧もある。

当地の鎧は軽量化のため、18世紀ごろに金属製から布鎧に切り替えられた。それが「コチー」、より丈が短く上腕までの肩当が付いた「サディキ」などである。また「バカーリタカ」という鉄板を仕込んだ布鎧も存在した。西洋でいう**ブリガンダイン**だが、敵対するモンゴル人が使用する同様の防具ハタンガデゲルからヒントを得たという。

兜は特徴的で「トップ」という名だ。本体は半球鉢で、碇や花の形をした鼻ガード、後頭部に鎖帷子の垂れ、頭頂に房飾りがある。似たものが中東でも使われていたが、トルコにはローカルなバリエーションとして布を鉢の上に巻いたターバンヘルメットが生まれた。

盾は丸形の鉄製で、トルコ発祥のカルカンの仲間である。インドでの呼称は「シパルー」で15世紀から流行したが、18世紀以降は「バーリ」「ダール」と呼ばれた。

前の王朝にも存在した大盾**カーワー**もあったが、ムガルでは縦120センチの長楕円盾を指した。ほかに「コルグ」というサイ皮の盾もあった。

特殊な盾として世界的に知名度が高いのが「マドゥ」である。現地では「マル」と発音するが、「シンガータ」(殺すの意味)という殺伐とした別名も持っていた。これは金属丸盾にシカやレイヨウの長い角を付けた攻撃的なアイテムだ。盾と角で防御しつつ、刺突攻撃が可能である。今でもインド格闘技「マーンコンブ」で使われることがあるが、動物の角を採るのが禁止されたため、現代のマドゥには金属製の角が付いているという。

204

## ムガル帝国に存在した防具

### ムガル重装騎兵

トップ（兜）

バカーリタカ
（装甲布鎧）

シパルー
（丸盾）

### トップ

インドで発展した印象的な兜。

房飾りは1本から数本までパターンある。

可動式の鼻ガード。上部は鶏冠として機能し強度を高める。

側頭と後頭部を鎖帷子の垂れで守る。

### マドゥ

動物の長い角が付いた丸盾。

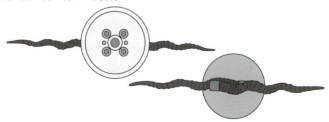

---

**関連項目**

- ブリガンダイン→No.026/090
- ジリーバハタ→No.096
- カーワー→No.094

## No.096
# チャールアイナはインド鎧の決定版だったのか

17世紀にムガル帝国が成立するまで跋扈した王朝の中には、周辺地域の技術を巧みに採り入れつつ、防具などを進化させたものもある。

### ●モンゴルの装備を吸収していった王朝群

13〜14世紀、アフガニスタンとインド北部域はトルコ系のハルジー朝、続いてトゥグルグ朝が支配した。

当時、モンゴル帝国と激しく争っていたこれらの王朝では、敵軍の装備を積極的に採り入れた。**ラメラー**の**ガルタカ**、革コートの**バガルタカ**、それに小さな丸盾の**シパー**である。

15世紀、インドを取り戻したサイイド朝はインド系民族で重装騎兵を主力としていた。モンゴルと類似する装備を使ったが、胸や膝に円形の増加防護板を付けていた。それらは防具であると同時に装飾品でもあった。彼らの丸盾「バーリ」は特徴的でその直径は30〜70センチ、葦や藤を編んで絹糸で装飾し、金属の盾芯を入れたものだ。これで矢を弾く。

15〜16世紀、インド北部はアフガン系のロディ朝に奪還された。

兵士らは「ジリー」という名の胴鎧を用いたが、以前の王朝のジリーとは違う。チェーンメイルに革を縫い合わせた複合素材の防具を意味していた。同じく**ジリーバハタ**はチェーンメイルに金属板を縛り付けた積層鎧である。

続く17〜18世紀、インドはムガル帝国が支配した。兵士の胴防具は鎖帷子に板金を合わせたジリーバハタの類が主力だったが、胸甲の「チャールアイナ」(4つの鏡の意味)も有名である。鎖帷子の上から前後左右の4面を守る四角い鉄板のセットを着用する。中近東では「チャフルアイネ」の名で普及していた。標準的なモデルの重量は1.6キロほどで、緻密な彫刻入りの品や、構成する鉄板が丸くなっているものもあった。正面が2枚板で胴部が5面構成になっているモデルもあり、これは中央から分割できるため着脱しやすかった。

206

## 中東インド地域の進化した鎧

### サイイド朝騎兵

モンゴルの装備に工夫を加えた。

- モンゴル系の兜
- 円形の増加防護板
- ガルタカ（ラメラー）
- 革製の籠手
- バーリ（藤製の丸盾）

### ジリーバハタ

鎖帷子の胸部など要所に鉄板を付けた防具。

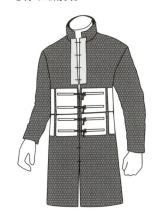

### チャールアイナ

基本的には鎖帷子の上から身体にしっかり固定して着る。前後左右の4枚の鉄板で1セット。

第5章 ● 中近東・インド・その他

---

**関連項目**

- ●ラメラー→No.007
- ●ガルタカ→No.090
- ●バガルタカ→No.090
- ●シパー→No.090
- ●ジリーバハタ→No.095

## No.097
# シシャークとカルカンは広く長く受け継がれた防具なのか

防御力を犠牲にしない範囲ではあるが、中東の兜は暑さによる蒸れへの対策が講じられ、鎧と盾は軽量化が常に意識されていた。

### ●伝統の品が他地域へと伝播

中東地域の兜はだいたい3種に分けられる。

「ミグファル」は頭用鎖帷子(いわゆるコイフ)の類で、「バイダー」は鋳鉄で一体成形した楕円型の兜。そして「タルク」「クード」は金属鉢・硬化加工した革パーツ・鎖帷子などを組み合わせて作る、複合素材の兜である。

複合素材の兜の一種**シシャーク**は13世紀のトルコを中心に流行した。アッシリアの伝統を受け継ぐ背が高く尖った鉢に、耳や首を守るパーツを追加した鉄製の**オープンヘルメット**だ。これが14世紀ごろに東欧を経由して西欧と北欧へ伝播し、**ロブスターテイルポット**と呼ばれる西洋兜が生まれた。英国ではそれをベースにした「イングリッシュポット」という簡易兜も考案され、さらに17世紀には騎兵用として各国に定着した。

中近東発祥の防具は、鎧も兜も盾も古代から改良を重ねて受け継がれたケースが多い。たとえば「カルカン」という盾は中東インド域において長い伝統を誇る。各地で呼称や仕様が少しずつ違うこともあるが、ペルシャ時代から使われ、トルコ騎兵の愛用品として有名になった。中央アジア域でも広く用いられるし、東欧にも伝来した。

初期のカルカンは何重にも折った布を素材とし、中央を切り取って、金属の盾芯を仕込んでいた。後に木製の本体に金属張りしたものが主流となるが、革製も見られる。表面に丸形や星形の飾りが4つか6つある場合は、裏側の取っ手の留め金具を補強・装飾した結果だ。

11〜14世紀には「タリカー」という小型の**カイトシールド**も用いられた。これは「ジャヌーウィア」(ジェノバ舶来の意味)という西欧からの伝来品がルーツになっている。

208

## ヨーロッパ域に受け継がれた兜シシャーク

### シシャーク

トルコを中心に中近東で使われた金属兜。

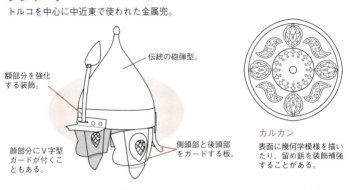

- 伝統の砲弾型。
- 額部分を強化する装飾。
- 顔部分にV字型ガードが付くこともある。
- 側頭部と後頭部をガードする板。

**カルカン**
表面に幾何学模様を描いたり、留め鋲を装飾補強することがある。

**進化**

### ロブスターテイルポット

シシャークをルーツとするヨーロッパの兜。

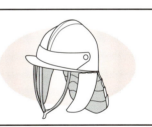

**進化**

### イングリッシュポット

英国の簡易兜。近代騎兵兜のベースとなる。

---

**関連項目**
- カイトシールド→No.002/022/041
- シシャーク→No.046
- オープンヘルメット→No.046
- ロブスターテイルポット→No.046

No.097 第5章●中近東・インド・その他

209

## No.098

# 新大陸の戦士はどんな防具を使っていたか

新大陸に住む先住民たちは地域ごとに特色ある防具を使っていた。おおむね自然の中で採集できる樹木や草、動物の皮などを材料とする。

### ●北米の東から中部域に住んだ人々の装備

北米大陸のうち、東部から北東部では盾を一般的な装備としていた。

部族によってさまざまだが、しなやかな柳の木板を動物の皮で覆った盾、そして動物の生皮か樹皮を積層した盾——この2種が有名である。盾は四角形で裏側に取っ手の付いたものが多い。

珍しいところでは、南東部の細枝を編んだ盾がある。軽量なのに、強力なクロスボウの矢も防ぐことができた。

東部で盾の次にメジャーな防具は**ブレストプレート**だろう。世界中の古代文明で使われていた、首から提げて喉から胸までを守る胸当だ。丈が非常に長く下半身までを守る胸当も作られた。材料は木の棒か骨で、多数の小片を革紐で結んで簾状にしてある。この伝統的な胸当は矢を逸らすことができた。しかしヨーロッパから来た白人の持つ銃器には無力だった。

北に行けば行くほど盾以外の部位防具を用いる傾向にあったが、部族によっては例外もある。16～18世紀ごろフロリダにいたヒューロン族は細長い木片で鎧・兜・背負い盾などを製作していた。このほか、北東部オタワ族の戦士も革製の背負い大丸盾を、中部ミズーリ流域の戦士は牛の生皮を胴鎧として使っていたことがわかっている。

中西部の部族は、戦いや狩りで馬を使うようになってからは（世界のほかの地域の騎馬民族がそうであるように）、コンパクトな丸盾を持つようになった。主に飛来する矢を受けるというより逸らすためのものだが、表面に呪術的な絵を描き、精霊の加護も乞うた。アパッチ族も太陽と月などの意匠が施された丸盾を腕に括り付けていたが、これは折りたたみ可能な造りになっており、使わない時は半円形の腕甲のような状態にしておくことができた。

210

## 北米大陸東部の先住民の背負い盾とそのほかの装備

### 背負い盾

ヒューロン族やオタワ族は大盾を背負っていた。形状から見ると戦場で外すわけではなかったようだ。背後から飛来する矢を警戒しての装備だが、背負ったまま使う盾は世界的には割と珍しい。

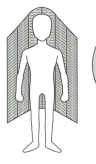

**オタワ族の背負い大丸盾**
革ベルトでタスキ掛けした。

### 細木組みの胸当

このような、矢を逸らす胸当は北米全域で見られる標準的な防具だった。

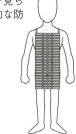

### フロリダ半島 ヒューロン族の防具

すべてを細木組みで製作。

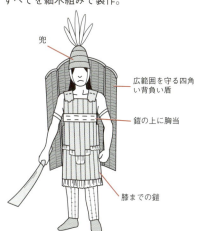

兜
広範囲を守る四角い背負い盾
鎧の上に胸当
膝までの鎧

### アパッチ族の折りたたみ丸盾

騎手が下腕に縛り付けて使う。使わない時は半分に折ってコンパクト化。

### 関連項目
●ブレストプレート→No.008/015

**No.099**

# カナダの戦士は木製の鎧を使っていたのか

新大陸の防具の材料は植物または動物の皮が中心だった。ほかに骨に牙、貝や金属を用いることもあったが金属は入手困難な素材だった。

### ●限られた材料で高度な防具を

アメリカ大陸の先住民は冶金技術を持たず、金属製の武器防具は外国人との接触で手に入れていた。しかし、カナダ西部のブラックフット族は金属盾を購入できるチャンスがあっても買おうとしなかった。「金属では精霊の加護が受けられない」というのだ。彼らの主装備は「メディスンシールド」だった。この丸盾の材質は木製か皮で表面にバッファローなど呪術的な絵が描かれ、鷲の大きな羽根で装飾されている（羽根には矢を逸らす効果もあった）。部族の祈祷師がこうしたアイテムに守備力向上や狩りの成功率を上げるまじないをかけてから、戦士は戦場に送り出された。

同じくカナダ西部のトリンギット族は木製の鎧を用いた。丸太をくり抜いたヘルメットも被るが、これは首から上を完全防護する代物だ。目のあたりに切り込みが入っており、マスケット銃弾をも防いだ。腕と脚の防具も着け、さらに革コートを羽織るという重装備ぶりだった。

トリンギット族は、弓兵でさえ細長い木板を綴じ合わせた軽量の胴鎧を着ていた。まるで木製**ラメラー**のような防具だ。丈は腰までで身体の動きを阻害することはない。また珍しい品として、多数の中国銅貨を繋いでメイル状にした鎖帷子も見つかっている。

そのほか、カナダ先住民はシダー（針葉樹）の一枚板で作った大盾も用いた。西洋の**タワーシールド**と同様、半身を隠すほど大きいが軽く、矢を防ぐ。この大盾に近いものとして、北西部のチヌーク族は海岸線で戦う時、カヌーを横倒しにして盾（塹壕）として使った。

新大陸のはるか北方に住むイヌイットは、セイウチの牙を短冊状に加工して紐で結び、胴鎧として愛用した。インドやモンゴルで使われたラメラーと同様の精巧な防具で、胴部をくるむ構造になっていた。

212

## アメリカ北部と北西部の高度な防具類

### イヌイットの胴鎧

セイウチの牙などを短冊状に加工し、革紐で結んで牙製の高度なラメラーを製作した。

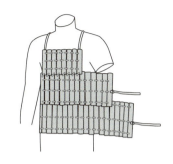

### トリンギットの木製甲冑

北西部のトリンギット族が使用。丸太をくり抜いた重厚なヘルメットが特徴的である。木製か革製の胴鎧や腕と脚の防具も作られた。

### ブラックフットのメディスンシールド

呪術盾。金属盾の方が強いと知っていても、呪術がかからないとして使いたがらなかった。材質は木製または革製。

呪術の意匠。バッファローを狩るために野牛の精霊を象った絵柄が好まれた。

鷲の羽は装飾だが矢を弾く効果もある。

**関連項目**

● ラメラー→No.007　　● タワーシールド→No.042

No.069　第5章 ● 中近東・インド・その他

213

## No.100
# アステカの戦士はジャガーの力を借りる防具を着ていたのか

中南米地域にはアステカやインカといった一大帝国が築かれ、独自の
文化が育まれていた。彼らは主に布や毛皮の防具を用いていた。

### ●中南米の部族はどんな防具を使っていたのか

　現在のメキシコ周辺にあったアステカ帝国では戦士が階級分けされており、最高位として2種の戦士団が存在した。「オセロメー」はジャガーを模した戦士、「クゥアクゥアウーティン」は鷲の姿をした戦士である。

　彼らは兜と胴衣を与えられたが、胴衣は全身をすっぽりと覆う着ぐるみのような形をしていたり、猛獣の毛皮をなるべく衣服のように加工したりとさまざまだった。これらは一定の防御効果も備えてはいたが、猛獣猛禽になりきって超自然的な力を得るための衣装＝扮装だった。

　兜は「ツラフィスツリィ」と呼ばれ、ジャガー兜は主に毛皮や羽毛で、鷲の兜は羽毛で製作された。胴衣「オセロトテク」の材質も毛皮・羽毛・布などで、鷲の胴衣の背中には2枚の羽根飾りを付ける。さらに兜と胴衣は青・赤・白色などに染められることもあった。

　戦士らは胴衣の下に「イチュカウィピリ」という綿製のキルティング布鎧を着ており、これが実質的な防具となる。そして、丸盾と黒曜石片をはめた木製の剣（中南米独特の武器）を持っていた。

　ちなみにエリート戦士以外のアステカ兵は裸身で、左肩から膝までの長さがある巨大な肩掛けを装備する。イチュカウィピリと同様、詰め物をしたキルトの肩掛けは主に矢を防ぐための布盾だが、まるで布団を左腕に縛り付けているような風体になった。

　一方、もうひとつの文化圏である南米インカ帝国の兵士は特製の兜と盾だけを持ち、普段着で戦場へと赴いた。兜は竹で編んで布を張って羽根で飾ったもので、四角形の盾には布がぶら下がっていた。盾の名は「ポルカンカ」というが、この垂れ布には、北米の先住民の胸当の付属品などと同じく、矢や投石を受け流す効果があったと思われる。

214

## 猛獣の力を得る呪術的な扮装防具

### ジャガーの戦士オセロメー

アステカの上級戦士。彼らはジャガーや鷲に扮することでそのパワーを得ようとしていた。着衣が毛皮や羽毛や布で製作され、羽毛の装飾を付けて原色で彩られた。

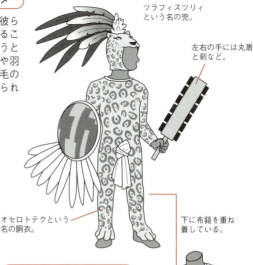

ツラフィスツリィという名の兜。

左右の手には丸盾と剣など。

オセロトテクという名の胴衣。

下に布鎧を重ね着している。

### イチュカウィピリ

アステカにおけるキルトアーマー。綿で作られたベスト。ジャガー戦士は着ぐるみの中に着ていたし、ほかの兵士にも広く使われた。

### アステカ兵

イチュカウィピリと同じ仕様の布防具。左肩から腕の全部を隠し、膝まで届くほどの巨大なもの。矢を防いだ。

### ポルカンカ

インカ独特の小さめの四角い盾。盾周りに矢逸らしの布が張られている。

## No.101

# 小島の戦士は荒縄の鎧とフグの兜を使っていたのか

熱帯では防具が好まれない。アフリカでも東南アジアでも同じなのだが、例外は存在する。ギルバート諸島では変わった防具が製作された。

### ●ヤシとフグとサメを材料とした武器防具

　アフリカ地域といっても広いのだが、北～中央アフリカの各地は10世紀以降イスラム勢力の侵略を受け、制圧された国には当時先進のイスラム文化とともに中東系装備が伝来していった。たとえばスーダンでは綿を材料とする布鎧のコートや鎖帷子付きの兜などが製作されたが、それらの防具はアラブの鎧や兜と見まごうほどである。

　一方、アフリカ南部では盾以外の防具は用いないのが普通だった。

　たとえばズールー族は牛革製の大きな楕円盾を使っていた。裏側を革紐で補強した革は長い棒に取り付けてある。棒は持ち手となり、上端に獣毛の装飾がなされ、下端は尖らせてあって刺突武器としても使える。1870年代のズールー戦争では、国王に従う戦士らが軍隊のように組織化されていたが、盾の表面に所属部隊を表す記号が明記されていた。この、ズールー族の楕円盾と同じようなものはオーストラリアの先住民も用いていた。

　また南アフリカの戦士は腕と脚の関節部や首回り、頭部などの人体の急所に獣毛や羽毛のリングやボンネットを付けることがある。基本的には装飾品なのだが、現代でいうサポーター程度の保護能力もある。

　オセアニアのような暑くて湿度が高い地域でも、防具は好まれない傾向にあるのだが、南太平洋のギルバート諸島の部族はココナッツの繊維を荒縄のように加工して編み上げた、いわば繊維のチェーンメイルを用いていた。さらに繊維を細かく編んだ胴鎧を重ね着する場合もある。

　彼らの盾は彫刻を施した木製の長方盾で、木製の柄に鋭いサメの歯をはめた武器を使っていた。そして、フグの一種であるハリセンボンをまるごと干し、兜形に加工したユニークな装備も愛用されていた。

## 熱帯の人々の風変わりな防具

### オセアニア諸島部の戦士

身近な材料で揃えた装備。

#### ハリセンボンの兜
無数のトゲを持つフグの一種を干して兜状に加工した。強度がどのくらいあるのかは不明。

ココナッツ繊維の胴鎧。

ココナッツの荒縄で編んだ全身メイル。

木製の方盾。

### 南アフリカのズールー戦士

基本の装備は大きな楕円盾のみ。

戦化粧や刺青で士気を高揚させた。

羽根飾りボンネット。

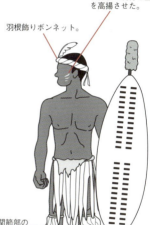

関節部の羽根飾り。

牛革の大盾は近代まで実戦で使われ、表面には所属部隊の印などが書かれた。

No.101 第5章●中近東・インド・その他

### ✤ アフリカ部族の呪術的防具

　アフリカやオセアニアの人々の風習である身体装飾は、本人にとって心理的な防具となり得た。具体的にはウォーペイント（戦化粧）、刺青、そしてスカリフィケーションだ。スカリフィケーションとは、皮膚を深く傷付け、刺激物を注入してケロイド状に盛り上げる手法だ。皮膚が硬化するために、わずかながら物理防御効果が得られるかもしれない。

217

## No.102
# 戦場には風変わりな重装歩兵が出現したのか

金属の胴鎧は18世紀のキュイラスなどを最後に歴史から姿を消したはずだったが、その後も鉄板で弾丸を防ごうとする者が時々現れた。

### ●ドンキホーテの如く銃弾に抵抗

胴を守る防具として**防弾チョッキ**類が一般化するまでの間、戦史には時折、板金鎧の再来かとも思える鋼鉄の防具が出現している。

19世紀初頭、フランスの敵前工作兵は中世騎士が被るような鉄兜と竜騎兵の胴鎧を装備していた。これで前線に出て、敵の攻撃に耐えながら塹壕を掘るわけだが、装備として十分とは思えない。

1918年、第一次世界大戦の終わりごろのドイツの突撃歩兵も、敵前工作兵と同じような格好をしていた。鎖帷子付きの砲弾型ヘルメットを被り、肩当と胸当から成る板金の防具を着ける。このような兵士は塹壕での白兵戦に特化しており、拳銃や手榴弾など狭い場所でも取り回しやすい武器で戦った。同じような防具は英国などでも使用されている。

同時代のアメリカで考案された「ブリュースターボディシールド」はもっと大がかりな装備だった。野球でキャッチャーが着けるプロテクターに似た形の鋼鉄製前掛けと、**グレートヘルム**のような角張った兜から構成されている。とんがり頭の兜には、スリット状ののぞき穴とその上にフタ付きの空気穴がふたつ並んでいる。のぞき穴が口、空気穴のフタが両目のようで、遠くからだとユーモラスな顔に見えた。重量は18キロほどで、機関銃の弾にも耐えるほど高性能だったという。しかし、行動が阻害されると評判が悪く、広まらなかった。

ちなみに戦闘用ではないが、1800年代のシベリアには風変わりな熊避けスーツが存在した。マスクとジャケットとズボンで構成され、全身くまなく2.5センチの鋭いトゲが植えてある。実際に使われたのか、熊に対して効果があったのかなどは不明である。

218

## 不完全な防弾装備の数々

### フランス敵前工作兵

銃火の飛び交う中で塹壕を掘る工兵。騎士兜に似たヘルメットと騎兵用の胸甲を着けていた。

### ドイツ突撃歩兵

砲弾型ヘルメットとコイフ（頭用の鎖帷子頭巾）、それに肩甲と胸甲。塹壕内で戦うため拳銃や手榴弾で武装していた。

### ブリュースターボディシールド

アメリカで作られた分厚い鉄の兜と前掛けのセット。機関銃にも耐える能力があった。

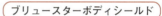

**シベリアにあった熊避けスーツ**
全身にトゲを植え、襲われるのを防ごうとした。

No.102

第5章 ● 中近東・インド・その他

---

関連項目

● グレートヘルム → No.044　　　● 防弾チョッキ → No.104

219

## No.103

# ヘルメットは現代まで進化を続けたのか

近代以降、銃が兵士の標準装備となると、ほとんどの防具は姿を消した。しかし頭を守る防具＝ヘルメットだけは生き残り、進化を続けた。

### ●頭部を守り続ける防具

18〜19世紀の銃騎兵などは防御力のないただの帽子を被ることもあり、そのころには制服の一部としての意味合いが強くなっていた。たとえば19世紀初頭、ナポレオン軍の誇るフランス胸甲騎兵は**キュイラス**（胸甲）と鋼鉄の帽子にターバンを巻くという出で立ちだった。帽子には銅のトサカがあり、馬のたてがみで飾られていた。これはいちおう鉄兜ではあるが、銃弾を防ぐ能力はなかったという。

1840年代にドイツの軍隊や警察で採用された兜は「ピッケルハウベ」と呼ばれる。頭頂に一本角があり、鷲などの華麗な意匠の装飾板が額に貼られた兜で、ドイツ帝国の象徴ともされる。ルーツは中世の騎士兜**バシネット**にあり、19世紀には世界各国で採用されるほど流行したが、基本的には革製だったので防御力には乏しかった。角が狙撃の的となりやすいという短所もあったが、第一次世界大戦ごろまで使われた。

20世紀になると金属製のヘルメットが各国で開発された。特にフランスの「M1915ヘルメット」または「アドリアン式」という丸い鉢をツバが取り囲んだ鉄兜は、後のヘルメットに大きな影響を与えた。一方、英国では1918年にMk1ヘルメットを採用した。発明家ブロディにデザインされた広いツバを持つ鉄兜で、後にこのモデルのコピーが米軍でM1917ヘルメットとして採用されている。

ドイツでピッケルハウベに代わって現れたのが、鉢が平らな独特のデザインの「シュタールヘルム」だ。これは実はドイツでは伝統的なデザインであり、中世のサレットにルーツがあるといわれる。ちなみに米軍のPASGTヘルメットは「フリッツ」という俗称で呼ばれることがあるが、これはPASGTヘルメットの形がシュタールヘルムに似ているためだ。

220

## 近代から現代までのヘルメット

### フランス騎兵の兜

19世紀フランスのナポレオン軍が装備していた鉄製の帽子。ただし防具としての機能は低かった。

### ピッケルハウベ

19世紀ドイツ帝国の軍隊や警察で採用された角付き兜。ロシアなど他国でも採用。

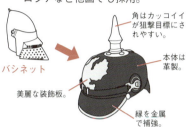

バシネット

角はカッコイイが狙撃目標にされやすい。

本体は革製。

美麗な装飾板。

縁を金属で補強。

### シュタールヘルム

ドイツ伝統のデザイン。現代では高く評価され、軍用ヘルメットのスタンダードとなっている。

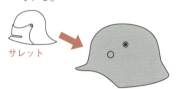

サレット

### フランスM1915ヘルメット

20世紀のヨーロッパで流行した鉄兜の基本形。

---

## ♣ ヘルメットの素材

　戦後、軍用ヘルメットは鉄製からナイロン製、そして現代ではケブラー製が多くなっている。改良は重ねられているが、それでもライフル弾を完全に防ぐことはできない。
　戦車兵の兜は軽量なプラスチックや布製の場合もある。兵種や用途に合わせてさまざまなタイプの兜があり、時代や国ごとに装備は違うのだ。

---

関連項目

- キュイラス→No.035
- バシネット→No.044
- サレット→No.046

## No.104

# 防弾チョッキはどのくらい信頼できるのか

ライフル弾を使用する機関銃やアサルトライフルは最強レベルの個人
持ち兵器だが、現代のボディアーマーはそれすら防ぐことができる。

### ●爆発や破片や銃弾を防ぐには

　防弾というより爆発や砲弾破片から身を守るための防具は、19世紀から20世紀初めにかけて各国軍隊の一部で採用されていた。現代の軍隊や警察の爆発物処理班が装備する全身防具も基本的には同じものである。

　たとえば第一次世界大戦時、史上初の戦車を投入した英国では戦車兵を守る装備が考案された。攻撃を受けた戦車の中では、衝撃で剥離した鉄片が跳ね回り、戦車兵を傷付けることがある。その対策として、当時採用されていた**MK1ヘルメット**と鎖帷子付きの鋼鉄マスクを装備することがあった。ゴーグルの両目部はシャッター状にスリットが空いており、そこから垂れ下がる鎖帷子が鼻や顔の下半分を守る。

　貫通力の高い銃弾から身を守るのは難問だったが、20世紀中盤には防弾を目的とする装備が登場した。

　具体的には**防弾チョッキ**などと呼ばれる。化学繊維を何重にも織った網で弾丸を止めるというもので、実はその防御原理はかつての**チェーンメイル**に似ている。**ボディアーマー**は防弾チョッキの強化版で、金属やセラミックのプレートを内張りし、効果をアップしたものだ。弾丸のほか、爆発の破片や衝撃にも耐性がある。

　防弾着の性能については段階が設定されている。日本では大きく分けてレベルⅠ〜Ⅳまでの規格があるが、たとえばレベルⅢなら貫通力の高いライフル弾に耐えうる。ただ、素材の積層によって貫通を防ぐ以上、高レベルの防具ほど重くかさばることとなり、着用者の行動は阻害される。

　ちなみにアメリカでは民間人の防弾着使用は違法とされ、購入にも制限がある。武器はもちろんだが防具まで制限しないと、倒せない凶悪犯が出てきてしまうからだ。

## 戦車兵のマスクと防弾チョッキの構造

### 英国戦車兵のマスク

第一次世界大戦時の戦車兵が着けていたのは、MK1ヘルメットと鋼鉄のマスク。車内で跳ね回る剥離鉄片から顔面を守るための措置だった。

- MK1ヘルメット
- スリット入りの鋼鉄ゴーグル
- 顔の下半分を守る鎖帷子

### 防弾着の構造

ケブラー繊維は銃弾のエネルギーを拡散して貫通を防ぐ。繊維の下に樹脂製の防刃板を仕込むことで防刃機能もプラスできる。

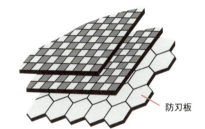

- 防刃板

### 特殊部隊のボディアーマー

防御力を上げようとすれば、このようにアーマーは分厚くなり面積も大きくなる。だとしても爆風から銃弾まで幅広くカバーできるのは心強い。

---

**関連項目**

- チェーンメイル→No.005
- 防弾チョッキ→No.102
- MK1ヘルメット→No.103
- ボディアーマー→No.105

## No.105
# ボディアーマーは現代における戦士の鎧なのか

科学技術の刷新で生まれた新素材を活用することで、より高性能な防具が誕生した。人類が戦い続ける以上、防具もなくなることはない。

### ●復活を果たした胴鎧と大盾

　昨今の防弾着には合成樹脂のケブラーが使われているが、光で変質劣化してしまう。5年ほどで防弾効果が失われるので、警察などでは3年で新品と交換している。また水に濡れても劣化する。防水処置を施すことも可能だが、今度は通気性が失われる。そして被弾した場合も防弾効果が低下する。具体的には5センチ四方の面が使い物にならなくなる。

　軍隊において**ボディアーマー**は、まず突撃兵や戦車兵に与えられ、次にエリート部隊である空挺隊員や海兵隊員に配布された。年代的な例を挙げると、1942年に日本海軍で防弾胴衣が採用されている。戦後になると米軍を皮切りに一般兵士にもボディアーマーが行きわたるようになり、その後は警察の戦闘部隊でも採用が進んだ。アメリカのSWATはシールド（透明風防）付きのヘルメットとボディアーマー、日本のSATやSITはそれより全体に軽装だが、エルボーパッドとニーパッドを着ける。ヨーロッパほか世界の暴動鎮圧部隊や特殊部隊でも似たような装備を用いるが、肩や首回りまで防護するタイプの防弾着も見受けられる。

　肘や膝のプロテクターはウレタン緩衝材の表面を滑り止めのゴムで覆った造りで、主に関節の保護をする。

　盾も現代に至るまでに姿を消した防具ではあるが、暴動鎮圧部隊の「ライオットシールド」という装備として復活している。機動隊が持つような大盾だ。一昔前はジュラルミン製だったが、今は透明なポリカーボネート樹脂製の長方盾が当たり前になった。そのバリエーションとして「ボディバンカー」という投光器付きで身体をすっぽり覆う重盾、電気が流れる「スタンシールド」などがある。

## エリート部隊の防具とライオットシールド

### 日本海軍の防弾胴衣

1942年に海軍で採用された初期の防弾着。こういった装備は戦後世界で一般化していく。

### SIT

日本の警察には特殊部隊としてSATとSITがあるが、SITはより軽装で武器も最小限しか携帯しない。

シールド付きヘルメット / ハンドガン（武器） / エルボーパッド / 軽いボディアーマー / ニーパッド

### ライオットシールド

警備用の長方盾。かつてはジュラルミン製でのぞき穴が付いていたが、最近のものは透明なポリカーボネート製。

### ボディバンカー

頭頂部に投光器が付いた奇妙な暴徒鎮圧用防具。この「個人用トーチカ」は着用者の腰までをすっぽりと覆う。

関連項目
● ボディアーマー→No.104

# 防具を出し抜く武器

優れた防具は時として攻撃を完全に防ぐ。それで攻撃側は特に対防具に特化した武器を持つことがあった。手段としては細く鋭い切っ先で隙間を突くか、ぶん殴って衝撃を与えて防具ごと叩き潰すか、転ばせたりするかに分かれる。

## 刺突

### ■ファルケス
ゲルマン人が使った大鎌。盾防御の隙を狙う。

### ■ファルシオン
11〜13世紀北欧の片刃剣（ヨーロッパでは珍しい）。長さ70センチ、重量1.7キロとやや重い。打撃でダメージを与えるとともに切断する。アラビア起源と思われ、十字軍遠征でヨーロッパに伝わったか、そうでなければ北欧のサクスというナイフがルーツとされる。

### ■スティレット
30センチ、300グラム。チェーンメイルの相手を刺すために使われた。基本的に相手を転倒させてから使う。瀕死の相手を殺すので、ミセリコルテ（ラテン語で慈悲）という別名を持つ。12世紀の武器だが、もとは板に文字を刻む道具だという説がある。

### ■エストック
14〜16世紀。タック（鎧通し）という俗名など、西欧各国で別名を持つ。120センチ、800グラムと大型で柄は長く、両手でも使えるようになっている。鎧の隙間を狙う剣だが、薄い板金なら貫通できる。

### ■パタ
インドのマラータ族が使う、手から肘までの籠手に70〜90センチの剣が付いた武器。

### ■ピルムバタ
3世紀ごろのローマのダーツ。マッティオバルブーリともいう。丸盾の裏に4〜5本も仕込む小型の投げ槍。木製の柄に金属の矢を打ち込んだもので長さは30センチ、射程は30メートルにも達するという。ローマ以後もビザンチンで使われ、後に羽根付きの「ダーツ」になる。15〜17世紀にヨーロッパや中東地域に広まったが、銃器の発達で廃れた。14世紀には兵士らが酒場での遊技にアレンジした。

### ■ボドキン
英国のクロスボウ用鏃。甲冑を貫通させるための細い鉄の鏃。エネルギーを集中させて威力を増す（現代の銃のAP弾も同様の原理）。回転して飛来し、直角にうまく当たれば、プレートアーマーも貫通する。チェーンメイル相手なら容易に貫通できる。

## 粉砕

### ■メイス
棍棒から進化した古い武器で、ドイツやイタリアで17世紀まで使われた。金属製で長さは100センチ、先端の形状はさまざま。時代遅れの武器とされたが、プレートアーマーには有効ということで見直された。

### ■フレイル
12〜16世紀に用いられた。棒に鎖を繋いだ武器だが、命中すれば鎖でも結構なダメージになる。もとは東欧の脱穀農具で、中国や中東にも類似武器がある。長さ30〜50センチ、重量2キロほど。14世紀には騎兵向けのホース

マンズフレイルが登場したが、片手持ちのため柄はより短い。

### ■モーニングスター

　13〜17世紀。板金鎧に対する最適解の武器とされ、16世紀にもっとも流行した。50〜80センチ、2〜2.5キロ。フレイルから進化し鉄球を付けたものという説と、聖職者の祭具がルーツだという説がある。ドイツではモルゲンステルン（金星）と呼ばれた。

### ■バトルアックス

　8〜17世紀。北欧で好まれた巨大斧。打撃力が凄いのでプレートアーマーにはよく効く。

## 転倒狙い

### ■バトルフック

　150〜200センチの長柄のフック。これで足を引っかけて倒し、槍持ちがトドメを刺すという連携で戦う。13世紀の農民反乱で有名になり、ほかの長柄武器より扱いが容易。16世紀まで用いられ、重装の甲冑歩兵の天敵だった。フックと刃が一緒に付いたものも登場した。

### ■鉄ビシ

　忍者が使うようなアイテムだが、マキビシは世界中で使われた。防御のない足裏を狙う。

# 索引

## あ

| | |
|---|---|
| アーメット | 98 |
| アーラジネタ | 201 |
| アイヌ鎧 | 114 |
| アクトン | 58,62 |
| アスピス | 10,26,42,56 |
| アダーガ | 201 |
| アダルガ | 56 |
| アルメット | 98 |
| 暗甲 | 190 |
| イチュカウィピリ | 214 |
| イングリッシュポット | 208 |
| インブラッキアトゥーラ | 90 |
| 補襦式挂甲 | 112 |
| 写し | 146 |
| 馬鎧 | 106,198 |
| エピスピュリア | 30 |
| エルメット | 98 |
| 燕尾牌 | 194 |
| 御家流 | 146 |
| 大袖 | 124 |
| オーム | 96 |
| 大鎧 | 112,118,120,122,124,126,128,134 |
| オクレア | 48 |
| オセロトテク | 214 |
| オセロメー | 214 |
| オムマローイ | 26 |

## か

| | |
|---|---|
| カーワー | 202,204 |
| 鎧甲 | 176,182 |
| 拐子木盾 | 192 |
| カイトシールド | 10,52,90,198,208 |
| 革甲 | 176,178,192 |
| カザガーンド | 202 |
| 飾り甲冑 | 130,146,172 |
| カタイーテュクス | 25,30 |
| カッシウス | 29,44,46 |
| カラビニエールアーマー | 78 |
| ガリバン | 20 |
| カルカン | 204,208 |
| カルケオトーレコーン | 24 |
| カルコトウバ | 198 |
| ガルタカ | 192,206 |
| ガレア | 44 |
| 革鎧 | 178 |
| 変わり兜 | 156,158,160,162,164 |
| 干 | 194 |
| ガンシールド | 94 |

| | |
|---|---|
| ガントレット | 73,86 |
| ガンベソン | 62,64 |
| 着背長 | 122 |
| キャバセット | 102,162 |
| キャプリーヌ | 100 |
| ギュアロン | 24 |
| キュイラス | 78,142,220 |
| キュイラッソアーマー | 78,142 |
| キュネー | 30 |
| キルト | 62,202 |
| クゥアクゥアウーティン | 214 |
| クード | 208 |
| 鎖帷子 | 16,64,100,144,190,202 |
| 具足 | 138 |
| グトゥル | 192 |
| グリービス | 30 |
| グリニッジ式 | 68,74 |
| クリバニオン | 198 |
| クリペス | 42 |
| グレアヴェ | 29,46 |
| グレートヘルム | 96,104,218 |
| クレスト | 44 |
| クローズドヘルメット | 98 |
| クロスアーマー | 16,62 |
| 挂甲 | 110,112,114 |
| ケイロプラッサ | 198 |
| ケトラトゥス | 42 |
| ケトルハット | 102 |
| 甲 | 176 |
| 甲騎具装 | 184 |
| 鋼子連環甲 | 186 |
| コースリット | 78 |
| コートオブプレイツ | 58,60,186,202 |
| 黒甲鎧 | 182 |
| 小具足 | 126,166,168 |
| ゴシック式 | 68,70,72,74,86 |
| コチー | 204 |
| 籠手 | 10,116,127,166 |
| 小星兜 | 152 |
| コリュス | 24,29,30,44,102 |
| コルグ | 204 |
| コルサレット | 78 |
| コンプリート・シュート・オブ・アーマー | 76 |
| コンポジットアーマー | 66,72 |

## さ

| | |
|---|---|
| サゴス | 32 |
| 鎖子甲 | 186 |
| サディキ | 204 |
| サレット | 70,100,104,220 |
| 式正鎧 | 122 |
| 紙甲 | 170,188 |
| シシャーク | 100,208 |
| ジスチャージ | 101 |
| シパー | 192,206 |

228

| | |
|---|---|
| シパルー | 204 |
| ジャゼランド | 202 |
| シャヌーウィア | 208 |
| シャベルドフェール | 102 |
| シュガーローフ | 96 |
| シュタールヘルム | 220 |
| ジュポン | 62 |
| 衝角付冑 | 116,152 |
| ジョシャン | 202 |
| ジリー | 202,206 |
| ジリーハザールマイハー | 202 |
| ジリーバハタ | 204,206 |
| シンガータ | 204 |
| スクタ | 198 |
| スクトゥム | 10,29,40,48,52 |
| スケイル | 16,176,184,192,198,200 |
| スケイルアーマー | 18,20,24,36,38,58,144,182,202 |
| スケイルメイル | 20 |
| 筋兜 | 154,156 |
| スタッテッドアーマー | 62 |
| スタンシールド | 224 |
| 頭形兜 | 146,156 |
| スパイクシールド | 94 |
| スパイクレザーアーマー | 62 |
| スパンゲンヘルム | 54 |
| スプリントアーマー | 64 |
| スプリントメイル | 64,66 |
| 戦車 | 180,184 |
| 戦象 | 106 |
| 象鎧 | 107 |
| ソフトレザーアーマー | 62 |
| ソマテマス | 42 |

## た

| | |
|---|---|
| ターゲットシールド | 90 |
| タージ | 10,90 |
| ダール | 204 |
| 畳兜 | 144 |
| 畳具足 | 144 |
| 盾 | 10,22,40,52,118,194,210,224 |
| 立物 | 146,160,162,164 |
| ダブレット | 86 |
| 試具足 | 136 |
| タリカー | 208 |
| タルク | 208 |
| タワーシールド | 92,192,194,212 |
| 短甲 | 110,112,114 |
| 団牌 | 194 |
| チェーンメイル | 8,16,18,38,58,60,62,64,66,68,72,82, |
| | 84,86,106,186,198,200,202,222 |
| チェシゲ | 100 |
| チェラータ | 102 |
| チャールアイナ | 206 |
| チャフルアイネ | 206 |

| | |
|---|---|
| 冑 | 176,194 |
| チュッテニアンバックラー | 92 |
| 付物 | 160 |
| ツラフィスツリィ | 214 |
| テウーコス | 24 |
| 手盾 | 118 |
| 鉄兜 | 220 |
| 鉄甲 | 184,186 |
| デュエリングシールド | 94 |
| 藤甲 | 110,176,188 |
| 筒袖鎧 | 182 |
| 当世具足 | 110,120,122,124,126,138,142, |
| | 150,156,166,168 |
| 胴丸 | 120,126,128,138,154,170 |
| 胴丸式掛甲 | 112 |
| 胴丸鎧 | 130 |
| トゥラケス | 48 |
| トーナメントアーマー | 80,104 |
| トーニー | 105 |
| トーラークス | 24,29,30,36,111 |
| トップ | 204 |
| トラコマクス | 36 |
| トルク | 42 |
| トレオス | 198 |

## な

| | |
|---|---|
| 形兜 | 156 |
| 南蛮兜 | 156 |
| 南蛮具足 | 142 |
| 南蛮胴具足 | 78,142 |
| 布鎧 | 62,86,188,192,214 |
| 煉革鎧 | 150 |
| ノルマンシールド | 90 |

## は

| | |
|---|---|
| ハークゥイバスアーマー | 73 |
| バーゴネット | 75,77,100 |
| バーディング | 106 |
| バード | 106 |
| ハードレザーアーマー | 62 |
| ハーフアーマー | 78,142 |
| バーリ | 204,206 |
| 牌 | 194 |
| バイキングヘルム | 54 |
| ハイゴシック式 | 70 |
| バイザー | 96,98,100 |
| バイダー | 208 |
| ハイドアーマー | 62 |
| ハウド | 202 |
| ハウンドスカル | 96 |
| バカーリタカ | 204 |
| バガルタカ | 192,206 |
| 馬甲 | 184,192 |
| ハザガンド | 202 |
| バシネット | 88,96,98,220 |
| バズバンド | 202 |

**229**

ハタンガデゲル..........................60,192,204
バックラー ........................................92
バノブリア ........................................24
パビス ............................................92
バフ・アンド・スラッシュ ..................108
腹当 ..............................130,150,170
腹巻 ..............................120,126,128
バルグスタワン................................202
バルバット ......................................102
バルブータ ......................................102
パルマ ............................................42
パレードアーマー ..............................80
バレルヘルム ................................16,96
ハンガリアンシールド ..........................94
半首 ........................................127,168
バンデットアーマー ............................60
バンデットメイル ................................18
ヒーターシールド ..............................90
ビコケット ........................................98
ビコッケ ..........................................98
ビッグフェイス ..................................96
ピッケルハウベ................................220
百煉鋼 ..........................................182
ファレラエ ........................................42
フィールドアーマー ........................76,80
部位防具 ......................46,126,166,194
復古具足 ........................................148
フットコンバットアーマー ............. 76,128
ブリガンダイン....................60,64,192,204
フリッツヘルメット..............................220
ブリュースターボディシールド ............218
フリューテッドアーマー ........................72
フルプレートアーマー ..........................77
プレートアーマー
.....18,58,60,66,68,70,76,78,80,82,84,86,
88,98,118,120,136,150,176,182,200
プレート・アンド・メイルアーマー ......66
プレートメイル...............................18,66,68
ブレストプレート....................22,36,56,86,210
フロッグマウスドヘルム ......................96
ブロディ ........................................220
フントスクーゲル................................96
ベッケンハウベ..................................96
ベトクラレ ........................................36
ペルタ ............................................32
ヘルム ............................................96
ヘルメット ......................................220
瘊子甲 ............................................14
ホーバーク .............................. 64,144
ホーバージョン..................................64
星兜.............................................152,156,160
歩人甲 ..........................................190
ボディアーマー....................... 222,224
ボディブンカー..................................224
ポドセッラ ......................................198
ホプロン .............................. 24,26,29

ポルカンカ ......................................214

## ま

前掛胴 ..........................................150
前立 ..................146,158,160,162,164
マクシミリアン1世.................14,70,72,74
マクシミリアン式................................72
マドゥ ............................................204
マニカ ........................................46,48
マニケリア ......................................198
眉庇付冑 ........................................116
マル ..............................................204
ミグファル ......................................208
ミラノ式 .............................68,70,80,88
明甲 ..............................................190
明光鎧 ..........................................182
明光細鋼甲 ....................................190
メイル ............................................18
メディスンシールド ..........................212
綿襖 ............................................114
綿甲冑 ..........................................114
面具 ............................................168
綿甲 .............................. 114,186
木甲 ............................................178
モリオーネ ......................................102
モリオン ....................................102,142
モリオンカバセ................................102

## ら

ライオットシールド ..............................224
ラウンドシールド ..............................26,52
羅圏甲 ..........................................192
ラテルンシールド ..............................94
ラメラー
.......8,16,20,36,82,112,114,120,138,176,
178,180,182,184,190,192,198,200,
202,206,212
ランタンシールド ..............................94
リヌース ..........................................32
リノトーレークス ................................24
柳葉甲 ..........................................192
裲襠甲/両当甲 ................................184
リングメイル ......................................18
ルネサンス式 .............................68,74,98
レザーアーマー .............................8,62
連鎖鎧 ..........................................186
連鎖甲 ..........................................186
ロッテラ ..........................................94
ロブスターテイルポット .............. 100,208
ロリカ ........................................36,46
ロリカ・スクアマタ ..............................36
ロリカ・セグメンテータ ..................34,46
ロリカ・ハマタ .......................... 16,29,38
ロリカ・ムースクラ ..............................36
ロリカ・ラーメルラ ..............................36

230

# 参考文献

『世界の軍装図鑑』 クリス・マクナブ 著／石津朋之 監訳／餅井雅大 訳 創元社

『世界の武器・防具バイブル 西洋編』 クリエイティブ・スイート編著 PHP研究所

『伝説の「武器・防具」がよくわかる本』 佐藤俊之 監／造事務所編著 PHP文庫

『伝説の武器・防具 イラスト大事典』 別冊宝島 宝島社

『ビジュアル博物館4 武器と甲冑』 マイケル・バイアム 著／大英自然史博物館 監／リリーフ・システムズ 訳 同朋舎出版

『ビジュアル博物館43 騎士』 クリストファー・グラヴェット 著／大英自然史博物館 監／リリーフ・システムズ 訳 同朋舎出版

『徹底解剖！ 日本警察の最新装備』 ムックハウス編 洋泉社

『武器と防具 中国編』 篠田耕一 著 新紀元社

『古代ローマ軍団大百科』 エイドリアン・ゴールズワーシー 著／池田裕ほか 訳 東洋書林

『図解 古代ローマ軍 武器・防具・戦術大全』 レッカ社 編著 株式会社カンゼン

『古代の武器・防具・戦術百科』 マーティン・J・ドアティ 著／野下祥子 訳 原書房

『背景ビジュアル資料7 城・甲冑・古戦場・武具』 かさこ 著／木村俊幸 監 グラフィック社

『図説 戦国の実戦兜』 小和田哲男 監／竹村雅夫 編著 学習研究社

『決定版 大名家の甲冑』 藤本巖 監／笠原采女ほか 著 学習研究社

『日本甲冑の基礎知識』 山岸素夫・宮崎眞澄 著 雄山閣

『鎧をまとう人びと』 藤本正行 著 吉川弘文館

『戦国時代 武器・防具・戦術百科』 トマス・D・コンラン 著／小和田哲男 日本語版監 原書房

『図解日本甲冑事典』 笹間良彦 著 雄山閣

『戦国武将 変わり兜図鑑』 須藤茂樹 著 新人物往来社

『日本甲冑図鑑』 三浦一郎 著 新紀元社

『ワーズ・ワード』 ジャン＝クロード・コルベイユほか 著／長崎玄弥 監 同朋舎出版

『魔法・魔具と魔術・召喚術』 高平鳴海 監 西東社

『コスチューム』 田中天＆F.E.A.R. 編 新紀元社

『武器』 ダイヤグラム・グループ 編／田島優・北村孝一 訳 マール社

『図解 ミリタリーアイテム』 大波篤司 著 新紀元社

『図解 フロンティア』 高平鳴海 著 新紀元社

『甲冑のすべて』 笹間良彦 著 PHP研究所

『図説 西洋甲冑武器事典』 三浦權利 著 柏書房

『中国古代甲冑図鑑』 劉永華 著／春日井明 監訳 アスペクト

『アメリカ先住民 戦いの歴史』 クリス・マクナブ 著／増井志津代 監訳・角敦子 訳 原書房

『武器甲冑図鑑』 市川定春 著 新紀元社

『英国男子甲冑コレクション』 石井理恵子 著 新紀元社

『中世ヨーロッパの武術』 長田龍太 著 新紀元社

『続・中世ヨーロッパの武術』 長田龍太 著 新紀元社

『図解 近接武器』 大波篤司 著 新紀元社

『武器と防具 日本編』 戸田藤成 著 新紀元社

『武器と防具 西洋編』 市川定春 著 新紀元社

『武器事典』 市川定春 著 新紀元社

『イングランドの中世騎士』 クリストファー・グラヴェット 著 新紀元社

『グラディエイター』 ステファン・ウィズダム 著 新紀元社

『馬上槍試合の騎士』 クリストファー・グラヴェット 著 新紀元社

『銅の文化史』 藤野明 著 新潮社

『鉄の文化史』 島立利貞 著 東京図書出版会

『古代製鉄物語』 浅井壮一郎 著 彩流社

『チンギス・カンとその時代』 白石典之 編 勉誠出版

『大英博物館 古代ギリシャ展 図録』 芳賀京子 監／国立西洋美術館・朝日新聞社 編 朝日新聞社

『図説 動物兵士全書』 マルタン・モネスティエ 著／吉田春美・花輪照子 訳 原書房

『戦国美麗姫図鑑』 橋場日月 著 PHP研究所

**F-Files No.055**

# 図解　防具の歴史

2018年4月13日　初版発行

| | |
|---|---|
| 著者 | 高平鳴海（たかひら　なるみ） |

| | |
|---|---|
| 本文イラスト | 福地貴子 |
| 図解構成 | 福地貴子 |
| 編集 | 株式会社新紀元社 編集部 |
| | 須田汎 |
| DTP | 株式会社明昌堂 |

| | |
|---|---|
| 発行者 | 宮田一登志 |
| 発行所 | 株式会社新紀元社 |
| | 〒101-0054　東京都千代田区神田錦町1-7 |
| | 錦町一丁目ビル2F |
| | TEL：03-3219-0921 |
| | FAX：03-3219-0922 |
| | http://www.shinkigensha.co.jp/ |
| | 郵便振替　00110-4-27618 |

| | |
|---|---|
| 印刷・製本 | 中央精版印刷株式会社 |

ISBN978-4-7753-1590-3
定価はカバーに表示してあります。
Printed in Japan